창세기
창조의 신비

한상휴 지음

LIVING IN FAITH SERIES
GENESIS

Copyright © 2004 by Cokesbury

All rights reserved.
No part of this work may be reproduced or transmitted in any form or by any means, electronic or mechanical, including photocopying and recording, or by any information or retrieval system, except as may be expressly permitted in the 1976 Copyright Act or in writing from the publisher. Requests for permission should be addressed in writing to Permissions Office, 201 Eighth Avenue, South, P. O. Box 801, Nashville, TN 37202, or faxed to 615-749-6512.

Scripture quotations in this publication, unless otherwise indicated, are taken from THE HOLY BIBLE with REFERENCE Old and New Testaments New Korean Revised Version © Korean Bible Society 1998, 2000. Used by permission by Korean Bible Society. All rights reserved.

Writer: Sang-Hyu Han
Cover credit: © Cindy Kassab/Corbis

Nashville

MANUFACTURED IN THE UNITED STATES OF AMERICA

차 례

제1과　세상을 지으신 하나님 ……………………………… 4

제2과　인류의 타락 ………………………………………… 11

제3과　노아의 홍수 ………………………………………… 19

제4과　개척자 아브라함 …………………………………… 27

제5과　의인이 없어 망한 도시 …………………………… 35

제6과　여호와 이레 ………………………………………… 41

제7과　평화의 사람 이삭 ………………………………… 47

제8과　천사와 씨름한 야곱 ……………………………… 53

제9과　비전의 사람 요셉 ………………………………… 59

제1과
세상을 지으신 하나님
창세기 1-2

1. 성경 이해

 옛 말에 "천리 길도 한 걸음부터"라는 말이 있듯이 창세기는 성경 전체를 배우는 데 첫 걸음이 되는 책이다. 또한 집으로 말하면 기초가 되는 중요한 책이다.
 창세기는 하나님께서 우리에게 요구하고, 명령하고, 응답을 요구하시는 신비한 구원의 역사를 보여주는 신비한 책이다. 50장으로 되어 있으며, 이 책 속에는 인간의 지식으로는 도저히 도달할 수 없는 세계와 사건들이 많이 기록되어 있다. 창세기는 크게 두 부분으로 나뉘어져 있는데, 첫 번째 부분에서는 세상을 창조하신 창조주 하나님을 기록하고 있다 (1-11장). 두 번째 부분에서는 특별한 신앙의 공동체를 창조해 주신 하나님을 기록하고 있다 (12-50장).
 창세기는 원래 히브리어로 "태초에"라는 책명으로 되어 있는데, 희랍어로 번역된 70인 역에서 "창세기"로 책명을 사용했다. 창세기를 공부하는 것은 결코 쉬운 일은 아니지만, 하나님의 말씀은 영원히 살아 계시기에 (이사야 40:6-8) 오늘도 이 말씀을 통하여 하나님께서 우리에게 진리를 가르쳐 주심을 믿으며 공부하여야 한다.

창세기 1:1-2:4 상반절

"태초에 하나님이 천지를 창조하시니라"(1:1절). 이 첫 말씀은 유일하시고 스스로 계시는 전능하신 하나님께서 "태초에" 온 우주와, 자연과, 만물을 지으셨음을 선포한다. 그 때 우주는 모양도 없었고, 어두움과 무질서한 형태뿐이었다. 이 첫 구절은 무엇이 있기 전에 스스로 계시는 하나님을 표현하는 구절이다. 하나님은 엿새동안 세상을 창조하시고, 이레 되는 날 안식하셨다.

1장 1절부터 2장 3절까지의 말씀은 하나님의 천지창조에 대한 웅장한 찬양 시라고 부를 수 있다. 특히 "창조하셨다"(히브리어로 "바라")라는 말은 하나님에게만 특별히 사용된 말로써 (신명기 4:32; 시편 89:12) 우리가 흔히 사용하는 "만든다"라는 말과는 전혀 다르다. 즉 무에서 우주와 만물을 만드신 것을 강조하는 말이다.

하나님은 말씀으로 세상을 창조하셨다. 창조가 있기 전에 하나님의 말씀이 존재했다. 첫 날부터 3일간은 빛과 어둠, 하늘 (궁창), 육지와 바다를 만드시고 (3-13절), 다음 넷째와 다섯째 날은 식물, 해와 달, 별들, 그리고 물속의 고기와 새들을 만드시고 (14-23절), 여섯째 날은 땅 위에 사는 동물과 사람을 지으시고 (24-31절), 이레 되는 날은 안식하셨다 (2:1-4 상반절).

우선 창조된 순서들이 과학적이 아니라고도 할 수도 있을 것이다. 그러나 그 내용은 이 세상의 모든 것이 하나님께서 말씀하신 대로 창조되었음을 분명히 알 수 있다. 즉 우연히 생긴 것이 아니라 하나님의 계획대로 창조되었음을 알려주고 있다.

"저녁이 되고 아침이 되니 하루가 되었다"라는 표현은 히브리인들의 시간 개념에서 나왔다. 고대 히브리인들은 해가 지면서부터 새 하루가 시작되었다. "하나님이 보시기에 좋았더라"는 하나님이 보고 기뻐하셨다는 표현이다.

사람을 지으신 일(26-28절)에 대해서는 깊은 뜻이 함축되어 있다. 우선 하나님께서 자신을 "우리"라고 하신다. 하나님이 여러 분이신가? 전통적인 해석에 의하면, "하나님의 회의" 혹은 "하나님의 만군"(하나님과 천사들)이라고 하기도 한다. 그러나 그리스도인은 삼위일체 되시는 하나님(성부, 성자, 성신)으로 이해하기도 한다.

하나님은 "하나님의 형상대로"(26절) 사람을 지으셨다. 하나님께서 사람처럼 생기셨다는 말인가? 하나님은 영적인 존재이시다. 많은 신학자들은 "하나님의 형상대로" 지음을 받았다는 것을 사람은 영적이며, 도덕적이며, 결단할 수 있는 능력을 가지고 있으며, 하나님의 사랑을 가장 잘 나타낼 수 있는 존재로 해석한다. 즉 사람은 다른 피조물과 달리 하나님의 성품을 가지고 있고 만물의 영장임을 가르치는 (시편 8:4-9) 표현이다.

그리고 나서 "생육하고 번성하라…땅을 정복하라…만물을 다스리라"(22절)고 축복하셨다. "정복하라" "다스리라"는 말은 현대어로 "개발하라"와 "돌보라"로 읽는 것이 옳다. 피조물들을 사랑하며 잘 관리해야하는 인간의 청지기적인 책임을 강조한 말씀이다.

하나님께서는 엿새 동안 하던 일을 다 마치고 이레 되는 날 쉬셨다. 이 날을 거룩한 안식일로 정하셨다. 안식일에는 세상일은 그만하고 하나님이 세상을 지으신 것을 감사하며 하나님께 영광을 돌리는 날로 지켜야 한다.

창세기 2:4 하반절-25

여기에서 또 하나의 다른 창조 이야기를 읽을 수 있다. 하나님께서 천지를 지으실 때 땅의 형편을 좀더 자세히 알려준다. 즉 땅은 메마르고 아무런 생물이 있기 전 하나님께서 먼저 비를 내려주셔서 식물들이 먼저 나게 하셨다. 흙으로 동물들을 지으셨다. 또 사람도 흙으로 지으시고 그 코에 생기(하나님이 주시는 생명의 호흡)를 불어넣어 주셔서 사람이 되게 하셨다. 그리고 사람들과 동물들을 에덴 동산에 살게 하셨다. 특히 첫 사람 아담(흙이라는 뜻)에게는 동산과 짐승들을 돌보게 하셨다. 그뿐 아니라 아담 혼자 있는 것이 좋지 않으셔서 여자(하와, 생명 혹은 살아있는 것이라는 뜻)를 만드셔서 함께 살도록 하셨다. 여자를 만드는 이야기도 신비하고 흥미 있는 이야기다. 과학적으로는 설명할 수 없는 이야기지만, 그 뜻은 깊다. 즉 남자와 여자는 창조 순서로 보나 방법으로 보나 다르지만 동등한 존재요, 서로 사랑하며, 서로 도우며, 한 몸을 이루고 살 것을 가르치고 있다.

에덴 동산은 특별히 준비된 아름다운 곳이었다. "에덴"은 울타리로 둘러싸인 곳이란 뜻으로 처음 인간이 평화스럽고 행복하게 살 수 있는 곳이었다. 그리고 동산 가운데 많은 과실나무들이 있었는데, 그 중에 생명나무(생명을 보전하는 나무, 혹은 충만한 삶을 살도록 도와주는 나무로 이해하기도 함)와 선악과(하나님의 지혜를 보전하는 나무)가 있었다. 그래서 생명나무와 선악과는 인간의 생사화복을 주관하시는 분은 하나님이시지 인간이 좌우할 수 있는 것이 아니라는 특별한 메시지를 지니고 있다.

처음 사람들은 벌거벗고 있었으나 부끄러움을 느끼지 않았다. 왜냐하면 그들은 부끄러운 생활을 하지 않고 있었기 때문이다. 부끄러운 마음은 죄책감과 실패감에서 생겨 나는 것이다.

그러면 1장과 2장에 있는 창조기사를 어떻게 보아야 하나? 신학자들은 이 둘을 큰 창조기사의 한 부분으로 본다. 즉 2:4-25의 말씀은 하나님을 "야웨"(보통 "여호와"라고 번역하고 있음)라고 부르고 있다. 그리고 1:1-2:4 상반절까지는 하나님을 "엘로힘"(보통 "하나님"이라 번역하고 있음)이라 부르고 있다. 1장을 창조주 입장에서 피조물을 생각한다면, 2장은 피조물 입장에서 창조주를 생각한다. 그러므로 하나님이 세상을 지으신 이야기를 각기 다르게 전하고 있을 뿐이다.

그러한 의미에서 이 창조기사를 완전히 과학적인 면에서만 해석하려는 것도 바람직하지 않고, 완전히 신화로 돌리는 것도 신앙인으로서 바람직한 태도가 아니다. 그리스도인은 결정적으로 이 창조기사를 통하여 창조에 개입하시는 창조주 하나님의 역사를 볼 수 있어야 한다. 피조물의 참 뜻은 창조주가 계실 때만이 분명해지는 것이다.

창세기에 있는 창조 이야기는 다른 이야기에서 찾아볼 수 없는 특징들이 있다. 첫째 특징은 하나님께서 말씀으로 창조하셨다는 사실이다. 어느 민족에게도 말씀으로 세상이 창조되었다는 기사는 없다. 둘째 특징은 하나님이 혼돈에서 질서를 창조하신 분이시다. 무에서 유를 창조하셨다는 것이다. 셋째 특징으로 기억할 사실은 이 창조기사의 주인공은 하나님이시고, 이 하나님은 인간과 우주와 다른 피조물과 관련을 가지고 계신 분이시라는 사실이다.

2. 생활 속의 이야기

우아하게 차려입은 한 부인이 자동차를 몰고 복잡한 네거리를 달리다가 갑자기 서 버렸다. 뒤에서 오던 차들이 빵빵거리며 야단들이다. 마침 출근길이라 더 그런 것 같았다. 놀란 이 부인은 차에서 내려서 이리저리 본다. 그러나 이유를 알 수가 없었다. 그 때 마침 그 곳을 지나가던 한 신사가 차를 세우고 내려와서 왜 그러냐고 물었다. 울상이 된 부인은 자기가 자동차를 잘 알고 운전도 많이 하고 있는데 웬 일인지 모르겠다고 한다. 신사는 차를 좀 봅시다 하고 차 뚜껑을 열고 이곳 저곳을 보며 두드려도 보고 만져 보더니 한참만에 부인에게 자동차의 시동을 다시 걸어 보라고 한다. 부인은 운전석에 올라 다시 시동을 걸자 엔진이 다시 가동되며 움직이기 시작했다. 부인은 너무 기뻐서 신사에게 당신이 누구냐고 묻는다. 신사는 겸손히 내가 이 자동차를 만든 사람이라고 대답했다. 이것은 포드 자동차를 만든 헨리 포드에 관한 한 일화이다.

자동차를 사용하는 사람과 만든 사람 중에 누가 차를 더 잘 알 수 있겠는가? 물론 차를 만든 사람이다. 우리는 세상을 살다 보면 여러 가지 어려운 일을 당하기도 한다. 그때마다 우리는 지혜가 많고 경험이 풍부한 사람에게 조언을 구하기도 한다. 그러나 믿는 사람들은 하나님께 기도한다. 왜 기도하는가? 하나님은 우리를 지으신 분이기 때문이다. 하나님은 모르는 일도 없고 풀지 못할 어려운 문제가 없으시다. 시편 기자는 "내가 산을 향하여 눈을 들리라 나의 도움이 어디서 올꼬 나의 도움이 천지를 지으신 여호와에게서로다"(시편 121:1-2)라고 고백한다.

3. 묵상을 위한 질문

(1) 하나님의 형상대로 당신이 창조되었다는 성경 이야기를 당신은 어떻게 이해하고 있는가?

(2) 하나님께서 세상을 지으셨다는 다른 증거들(성경 외에)을 또 어디에서 찾을 수 있는가?

(3) 사람이 왜 고귀하다고 생각하는가?

(4) 안식일(주일)을 어떻게 지키는 것이 가장 의미 있는 길이라고 생각하는가?

4. 결단에의 초청

우리는 하나님께서 세상을 지으신 것을 믿는 사람들입니다. 그리고 우리를 하나님의 형상대로 지으셨음을 믿습니다. 광활한 우주는 하나님의 큰 뜻 가운데 만들어졌습니다. 그리고 사람들에게 자기를 도와서 자연 만물을 잘 관리하며 평화스럽고 아름다운 에덴 동산을 이루며 살 것을 부탁하고 계십니다. 비록 죄로 인간과 세상이 악하게 되었지만, 하나님은 우리를 버리지 않고 사랑하셔서 독생 성자 예수 그리스도를 세상에 보내주셨습니다. 예수님은 십자가의 죽음과 부활로 재창조의 역사를 이루셨습니다. 지금도 하나님은 자기를 도울 일꾼들을 부르시고 계십니다. 하나님의 형상대로 지음 받은 내가 하나님의 뜻을 이 미국 땅에 실현시키기 위하여 할 수 있는 것은 무엇일까요? 하나님께서 나에게만 기대하시는 것이 무엇일까요?

제2과

인류의 타락

창세기 3-5

1. 성경 이해

싱싱하고 아름다운 꽃밭에 갑자기 벌레가 생겨 꽃과 나무들이 시들고 죽기 시작하듯이 평화스럽고 행복하던 에덴 동산에 불행이 시작된다. 즉 인류의 첫 사람들이 하나님의 말씀을 어기고 죄를 짓자 죄는 전염병처럼 인류 전체에 죽음을 가져온다. 어쩌다가 이런 일이 생겼나? 본과를 공부하면서 인간이 하나님의 뜻에 불순종할 때 따라오는 결과에 대하여 배우게 된다. 에덴 동산의 이야기 속에서 하나님의 깊은 진리의 말씀을 우리는 들을 수 있다.

창세기 3:1-24

인간은 하나님이 창조해 주신 세계에서 하나님께 순종하며 살아야 함에도 불구하고 인간의 생각이 옳다고 생각하는 데서 오는 결과를 3장에서 이야기해 준다.
인류 타락의 이야기는 뱀으로부터 시작된다. 이 뱀은 무엇을 상징하는가? 뱀은 매우 지혜로우며 교활한 동물이다. 뱀은 하나님께서 인간에게 주신 선택권을 행사하여 인간만을 생각하는 데 사용하도록 하는 유혹의 존재이다.

하루는 놀러온 뱀이 여자와 이야기하던 중 선악을 알게 하는 나무에 대해서 말한다. 뱀도 선악과를 잘 알고 있었던 것 같다 (2:16-17). 뱀과 여자가 대화를 나누는 가운데 여자가 이 선악과를 따먹으면 죽게 된다는 새로운 이야기를 뱀에게 들려준다. 그러나 뱀은 이 과실을 먹으면 하나님과 같이 지혜가 생기고 또 결코 죽지 않으리라고 답한다. 이 얼마나 놀라운 이야기인가!

뱀이 가버리자 유혹에 약한 사람들은 따먹지 말라고 한 하나님의 말씀을 어기고 선악과를 따먹게 된다. 먹지 말라고 한 것을 왜 먹었을까? 도대체 선악과는 무엇인가? 선악과에 대해서 성경에 자세한 설명은 없다. 다만 선과 악을 알 수 있는 지혜의 나무였고, 이 과실을 먹으면 하나님처럼 지혜가 생긴다는 것이다.

그러면 왜 하나님은 이런 나무를 에덴 동산에 심어놓았을까? 선과 악을 아는 것만이 이슈가 아닐 것이다. 이슈는 하나님께서 창조해 주신 세계에서 하나님께 순종하며 살 수 있느냐 없느냐 하는 것이 문제이다. 우리의 조상들은 어리석게도 자신이 옳다고 생각하는 세계에서 살려고 먹어서는 안 되는 것을 먹고 만다.

예부터 많은 신학자들은 에덴 동산의 문제를 가지고 고민했다. 그리고 대강 다음과 같이 말한다. 아담과 하와가 호기심을 참지 못하여, 지혜가 있는 사람이 되고 싶어서, 하나님과 같이 되고 싶어하는 마음 때문에, 거역하는 마음이 생겨서, 하나님의 처사에 불만이 생겨서 그렇게 행동했다고 설명한다. 결국 인간은 하나님을 믿고 그의 말씀을 따라야 함에도 불구하고 이것을 어기며 자기 마음대로 해보고자 하는 데서 잘못을 저지르고 만다.

선악과를 먹고 나자 아담과 하와는 자신들이 옷을 벗고 있다는 사실을 깨달았다. 옷을 벗고 있었던 것이 왜 지금에야 문제가 되는가? 분명한 것은 부끄러움을 모르고 지내던 사람들이 부끄러운 것을 알게 되었다는 사실이다. 다시 말하면, 하나님의 말씀을 어긴 후 추해진 자신들의 모습을 보게 되어서 부랴부랴 몸을 가리게 되었다 (7절). 또 두려워하게 되었다는 사실이다 (10절).

이제는 하나님을 떳떳하게 대면할 수 없게 되어버렸다. 하나님께서는 숨어있던 사람들을 불러서 왜 숨어있느냐고 말씀하신다. 그리고 왜 선악과를 먹었느냐고 물으신다. 남자는 여자에게, 여자는 뱀에게 각각 책임을 전가한다. 심지어 여자와 뱀을 지으신 하나님께도 책임이 있다고 한다. 얼마나 큰 비극인가! 하나님은 너무도 마음이 아프셨다. 결국 잘못을 범한 사람들과 뱀은 벌을 받는다. 뱀은 배로 기어다니고 흙을 먹어야 되고, 사람들의 미움을 받으며 살게된다. 여자는 아이를 낳을 때 큰 고통을 겪게되고, 남자는 양식을 위해 땀흘려 일하며 살게된다.

그러면 죄 짓기 전에는 여자와 남자의 일은 무엇이었을까? 아마도 같은 일이었을 것이다. 그러나 평화스럽고 아름다웠던 관계들이 깨져 버린 것이다. 즉 부부 관계가 나빠지고, 인간과 하나님의 관계가 멀어졌으며, 출생은 죽음의 위협이 따르게 되고, 인간과 뱀은 원수가 되었으며, 땅과 인간의 관계도 나빠지고 말았다. "너는 남편을 원하고"(공동번역에는 "남편을 마음대로 주무르고 싶겠지만"으로 번역되었다)라는 뜻은 성적인 욕망을 포함해서 부부생활이 만족하게 되기가 어려울 것을 의미하고 있다. 뱀도 하나님과 사람과 다른 동물들과의 관계가 나빠지면서 천

대와 무시를 당하는 외톨이가 되고 만다. 결국 아름다웠던 관계는 죄 때문에 끊어지고 말았다. 그럼에도 불구하고 하나님은 아담과 하와에게 자비를 베풀어주고, 다시 살 길을 열어주신다. 우선 부끄러워하는 인간들에게 가죽옷을 지어 입히신 다음 에덴 동산 밖에서 살게 하셨다.

마지막으로 사람의 죽음에 대해서 생각하여보자. 사람이 죄를 지었으므로 죽음에 이르게 되었나? 죄 짓기 전에는 영원히 살 수 있었다는 말인가? 분명한 것은 인간도 다른 생물과 같이 창조되었다. 그리고 하나님의 생기를 부어넣을 때 사람도 수명이 이미 정해진 것을 알 수 있다. 그리고 영적으로도 하나님과의 신뢰관계가 깨지게 되면 죽은 것과 마찬가지이다. 바울은 로마서 5:17에서 "그 한 사람 때문에 죽음이 왕노릇하게 되었다"고 말한다.

창세기 4:1-25

비록 에덴 동산에서 쫓겨났지만 아담과 하와는 계속 하나님의 돌보심 가운데 살게된다. 아담은 많은 자녀를 두고 930살까지 살았다 (5:5).

아담과 하와의 자녀들 중에 가인과 아벨이라는 두 아들의 비극적인 이야기가 4장에서 소개된다. 가인은 아벨의 형이었다. 가인은 밭을 가는 농부였고, 아벨은 양을 치는 목자였다. 문제의 시작은 두 사람이 제사를 드렸는데 아벨은 정성껏 드렸으나 가인은 그러하지 못했다 (히브리서 11:4). 그러므로 하나님이 가인의 제사를 받지 않으셨다. 그러자 가인은 몹시 화가 나서 얼굴 빛이 달라졌다. 이 때 하나님께서 즉시 가인을 부르시고 어찌하여 화를 내느냐고 물으신다. 그러나 가인은 하나님의 물으심에 아무 답을 하지 않고, 동생을 미워하며 기회를 보다가 아무도 없는 빈들에서 동생 아벨을 죽이고 만다. 그리고 자기를 꾸짖는 하나님께 "제가 아우를 지키는 자이니까?" 하며 대든다. 이 얼마나 악한 말인가?

가인과 아벨의 이야기는 인간 서로간의 관계가 하나님에게도 영향을 미친다는 이야기이다.

가인이 아벨을 죽이는 끔찍한 살인사건이 나자 맨 먼저 땅이 호소한다. "호소한다"(히브리어로 차아크)는 "살려 달라고 애타게 부르짖는 비명소리와 같은 것"이라고 한다. 비참한 인간의 죄는 땅까지도 놀라게 한다. 마치 아담과 하와가 죄를 짓고 에덴 동산에서 쫓겨나듯이 가인도 벌을 받는다. 가인은 고향에서 쫓겨나 세상을 떠돌아다니는 신세가 된다. 그리고 다른 사람들의 저주를 받으며 살게된다. 불쌍한 가인은 이제부터는 하나님과 사람들로부터 완전히 버림받았다는 것을 알게된다. 그제야 하나님께 살려달라고 애원한다. "벌이 너무 무거워서 견디지 못하겠습니다." 자비하신 하나님께서 불쌍히 보시고 가인에게 표를 주셔서 가인을 죽이지 못하도록 보호해 주신다.

결국 가인은 사람들을 피하여 멀리 에덴의 동쪽에 가서 자녀들을 낳으며 외롭게 살게된다. 그리고 또 살인사건이 생긴다. 사람을 죽인 라멕은 부끄럽거나 후회하는 것보다 오히려 자랑한다. 사람 죽이는 일까지도 두려워하지 않는 악한 인간이 되었다. 아벨이 죽은 후 아담은 다시 셋이라는 아들을 낳는다. 셋은 가인 대신 아담의 장자 노릇을 하게된다. 셋은 아들 에노스를 낳았다. 그리고 에노스가 처음으로 여호와의 이름을 불러 예배드렸다고 한다.

제2과 ◆ 인류의 타락

창세기 5:1-32

이제는 아담으로부터 노아까지 10대에 걸친 족보를 살펴보자. 이들은 노아의 홍수 이전의 족장들이다. 이 족보는 먼저 인간이 어떻게 창조되었는가를 요약해서 소개한다. 즉 하나님은 그의 형상대로 남녀를 지으셨으며, 이름을 사람(아담)이라 부르시고 복을 주셨다 (1:26-28).

그 중 특이한 것은 첫째로, 아담의 자녀 중 가인이 장남이지만 이름이 빠지고 셋이 대신 대를 잇는다는 것이다. 둘째로, 에녹은 가인의 아들 에녹과 이름은 같으나 다른 사람으로 하나님과 함께 살면서 자녀들을 낳았다가 하나님께서 데려가셨다고 기록되었다. 에녹은 당시의 사람들보다 믿음이 좋았다. 그래서 죽지 않고 살아서 승천했다고 믿는다. 유대인들의 전설에 의하면, 에녹은 하나님의 집에 자주 가서 하나님과 함께 지내다가 그 곳에서 그냥 살게 되었다고 한다. 모세와 엘리야도 비슷한 사람들이었다. 그러나 예수님 외에는 부활 승천한 사람은 없다. 우리도 할 수만 있다면 에녹처럼 살면 얼마나 좋을까? 셋째로, 므두셀라는 969년을 살아 최장수를 누린 사람으로 기록되어 있다. 놀랄 일이다. 이 곳에 기록된 조상들은 모두들 장수를 했다. 정말 그렇게 오래 살았을까?

오늘날 우리의 경험으로는 도저히 이해하기 힘든 것이 사실이다. 그래서 많은 사람들이 의심을 하기도 한다. 그러나 하나님께서 허락하시면 안될 것도 없다. 그런데 시대가 갈수록 인간의 수명은 줄어든다. 왜 그럴까? 시대가 갈수록 인간은 점점 더 악하게 된다. 악한 인간들이 오래 오래 살면서 계속 죄를 지으면 세상은 어떻게 될 것인가?

2. 생활 속의 이야기

하나님 말씀에 불순종하고 자기 마음대로 살면 불행이 온다. 오늘날도 얼마나 많은 사람들이 에덴 동산의 아담과 하와처럼 하나님께 불순종하며 살고 있지 않은가? 그러나 삶이 어렵더라도 우리가 하나님 말씀에 순종하며 살 때, 하나님은 크게 기뻐하시며 넉넉하게 축복하신다.

하나님께 잘 순종하여 복 받은 분이 있다. 이 분은 30여 년 전, 꽃 같은 나이에 어린 아들을 데리고 홀로 미국에 이민 오게 되었다. 가진 것이라고는 몸밖에 없었다. 낯선 타향에서 모자가 산다는 것이 얼마나 외롭고 고달픈 일이었을까? 이 분의 삶은 고난 그 자체였다.

그러나 이 분은 어려울 때마다 기도하며 하나님을 의지하고 하나님 말씀에 절대 순종하며 살아갔다. 그러니 교회가 삶의 중심이 될 수밖에 없었다. 목사님과 성도들의 사랑과 도움을 받으며 어려움을 이겨 나갔다. 때로는 유혹도 많았고, 시련도 끊이질 않았다. 그럴 때마다 울며 하나님께 도움을 구했다. 하나님께서는 자기의 사랑하는 딸이 순종하며 살려고 애쓰는 것을 결코 버리지 않으신다.

생활이 점점 안정되고 교회생활이 즐겁고 회사 일도 순조로 왔다. 아들은 후에 모범생으로 선발되어 대통령 표창까지 받게된다. 그리고 하버드 법대를 졸업하고 지금은 뉴욕의 법률회사에서 자랑스럽게 일하고 있다.

이 분은 그 후 장로님으로 선출되어 교회를 잘 섬길 뿐 아니라 사랑과 존경을 받으며 살고 있다. 역경을 이기고 믿음으로 승리한 비결이 무엇이냐고 묻는 말에 "그저 하나님 말씀에 순종하며 산 것뿐"이라고 대답한다.

3. 묵상을 위한 질문

(1) 에덴 동산의 선악과처럼 오늘도 우리가 만지거나, 먹거나, 가져서는 안 되는 것들이 있다면, 그것은 어떤 것들인가?

(2) 왜 우리는 유혹에 빠지게 되는가? 때때로 당신에게 임하는 유혹은 무엇이며, 어떻게 극복하는가?

(3) 왜 우리는 하나님 말씀에 순종하여 사는 것이 그렇게도 어려운가? 우리의 생활 주변에서 말씀에 순종하며 살고 있는 모범적인 신앙인은 누구인지 서로 말해 보자.

4. 결단에의 초청

인류의 타락은 하나님께 불순종하므로 시작되었고, 지금도 계속되고 있습니다. "욕심이 잉태하여 죄를 낳고 죄가 장성한즉 사망을 낳느니라"(야고보서 1:15)는 말씀과 같이 죄와 죽음의 악순환이 반복되고 있습니다.

그러나 자비하신 하나님께서 버리지 않고 살려주시며 회개할 기회를 주고 계십니다. 그뿐 아니라 예수 그리스도를 보내셔서 그를 믿으므로 구원에 이르게 하셨습니다.

하나님의 말씀에 순종하며 살기를 결심합시다. 혹시 죄를 지었을 때는 지체하지 말고 회개하고, 용서를 받고, 새 출발을 합시다. "우리가 우리 죄를 자백하면 그는 미쁘시고 의로우사 우리 죄를 사하시며 우리를 모든 불의에서 깨끗하게 하실 것"입니다 (요한1서 1:9).

제3과
노아의 홍수
창세기 6-9

1. 성경 이해

민속학자들에 의하면, 역사가 오랜 민족마다 가지고 있는 공통적인 전설들이 있다고 한다. 그 중의 하나가 홍수 이야기다. 창세기에 기록된 홍수 이야기는 6장 5절부터 9장 19절까지 계속된다.

아주 오랜 옛날 큰 홍수가 났다는 것이다. 홍수가 왜 났는지, 얼마나 큰 홍수였는지, 홍수 후에 어떻게 되었는지 민족마다 조금씩 다르다. 지질학자들은 지층을 연구하면서 이것을 확인해 보려고 한다. 그러면 성경에서 들려주는 홍수 이야기는 무슨 진리를 가르쳐 주는지 살펴보자.

창세기 6:1-22

홍수 이야기가 들려주는 가장 근본적인 진리는 인간이 하나님과 맺은 언약을 지키지 못할 경우, 하나님은 우리가 사는 세상을 변화시켜 새로운 세상을 창조하실 수 있는 능력을 가지고 계시다는 것이다. 하나님은 창조의 한 질서 가운데 안식일을 창조해 주셨지만, 인간은 하나님의 창조 질서에 도전하기에 노아를 통하여 새 질서를 창조하신다.

6장부터 시작되는 홍수 이야기는 하나님의 창조질서에 도전하는 인간의 사악한 모습을 먼저 언급하기 시작한다. 인간은 마음으로 생각하는 것이 항상 악하고 (5절), 온 땅이 부패하여 포악함이 가득하고 (11절), 폭력을 일삼는 무법천지가 되었다 (12-13절).

세상에 사람들이 대단히 많아졌다. 그 중에는 "하나님의 아들들"과 "사람의 딸들"이 있었고 이들이 서로 결혼하여 자녀를 두고 살았다 (6:2). 하나님의 아들들과 사람의 딸들은 누구인가? 전통적으로 "하나님의 아들들"은 하나님을 잘 믿는 사람들이고 (혹은 셋의 후예), "사람의 딸들"은 불신자들(혹은 가인의 후예)이라고 본다. 불신자들 중에 "네피림"이라는 사람도 있었다. "네피림"은 전설적인 거인들로서 힘이 대단히 세어 싸움은 잘 하나 믿음이 없는 타락한 사람들을 지칭하는 것 같다. 갈렙이 가나안 땅에 탐정하러 갔다가 본 거인들이 바로 네피림이다 (민수기 13:32).

세월이 지나가면서 이 땅의 사람들은 더욱더 악해지고 세상에는 죄악으로 가득 차게 되었다. 즉 "포악함이 땅에 가득했다" (창세기 6:13, 공동번역에는 "썩어 무법천지가 되었다"로 번역되었음). 소위 약육강식의 사회가 되었다. 하나님께서는 이것을 보시고 너무 마음이 아프셨다. 특히 사람들마다 못된 생각들만 하는 것을 보시고 사람 지으신 것을 후회하신다. 하나님께서 "한탄하사 마음에 근심하시고"(6:6)는 슬퍼하시고 아파하신다는 뜻이다. 그리고 악한 것들을 정리하시고 새롭게 다시 시작할 것을 결심하신다. 이것이 큰 홍수가 일어나게 된 이유이다.

그러나 하나님께서는 자비하셔서 사람들이 회개할 수

있는 오랜 기한을 주신다. "나의 영이 영원히 사람과 함께 하지 않으리니"(6:3)는 사람은 동물과 같지만 생령을 넣어주셔서 만물의 영장이 되게 하셨는데 이제는 더 이상 그저 둘 수 없어 심판하시겠다는 뜻이다. 그리고 하나님께서 각종 짐승과 공중의 각종 새를 지으시고 아담에게 각 생물의 이름을 부르도록 일을 시키시던 것 같이 (2:19) 노아를 택하여 새 창조의 일을 시작하신다.

노아는 누구인가? 노아라는 이름은 *구제한다* 혹은 *구원한다* 뜻이다. 노아는 하나님과 올바른 관계 속에서 하나님께 순종하며 살기 때문에 하나님의 마음에 드는 사람이었다. 그는 에녹 같이 하나님과 동행했고 하나님의 은혜를 입고 살았다. 즉 완강하게 죄악을 물리치고 하나님의 뜻대로 살려고 노력한 사람이었다. 그래서 노아는 인간이 하나님께 순종하며 하나님께서 창조해 주신 질서 속에서 신실하게 살 수 있음을 대변해 주는 인물이다. 그는 세 아들—셈과 함과 야벳—을 두었다.

하나님께서 노아에게 큰배를 만들라고 명령하셨다. 배의 크기는 대강 길이가 450 피트 (300자), 폭이 75 피트 (50자), 그리고 높이가 45 피트 (30자) 되는 3층으로 된 것으로 물에 떠 있을 수 있는 집과 같은 배였다. 그리고 이 배는 튼튼하게 잣나무로 만들고 역청(오늘날의 아스팔트와 같음)으로 안팎을 칠하도록 하였다.

이 배에는 노아의 여덟 식구와 여러 짐승들의 암수 한 쌍씩 데리고 들어갈 수 있도록 했다. 노아는 이 배를 만드는 데 오랜 시간이 걸렸다. 노아의 인내심과 순종심은 정말로 대단하다. 노아는 배를 만들며 한편으로 전도했다. 그러나 사람들은 오히려 비웃으며 들으려고 하지 않았다.

창세기 7:1-24

배가 완성되자 하나님께서는 짐승들을 배에 들어가게 하시고 마지막 노아의 여덟 식구를 들어가게 하신 뒤 손수 배의 문을 닫으신다. 이 때가 노아가 600살 되던 해였다. 모두가 배에 들어간 후 7일이 되자 비가 내리기 시작하여 밤낮 40일간 대홍수가 난다. 이 때 "깊은 샘물과 하늘의 문들이 모두 터졌다"(7:11)는 것은 얼마나 큰 비였는지를 짐작케 한다. 결국 세상은 모두 물에 덮이고 모든 사람과 짐승들은 물에 빠져 죽는다. 노아의 배는 물에 떠 있고 물은 150일간 땅에 괴어있었다. 얼마나 슬픈 일인가! 죄악으로 가득 찬 세상은 이렇게 심판을 받고 만다.

창세기 8:1-22

하나님께서는 노아와 그와 함께 한 가축과 짐승을 "기억"하셨다 (8:1). 무서운 심판이 끝나자 하나님께서 바람을 불게 하셔서 물을 빼고 땅을 마르게 하신다. 물이 마르는 데 또 150일이 걸린다. 그리고 노아의 배는 아라랏 산에 머문다. 아라랏 산이 어디에 있을까? 오늘날 터키의 북쪽에 있는 산이라고 한다. 어떤 사람들은 이 산에서 옛 노아의 배를 보았다고도 한다. 그러나 확실하지는 않다. 홍수가 시작된 지 만 1년 후 노아의 가족과 짐승들은 배에서 나온다. 노아는 배에서 내리자마자 제단을 쌓고 하나님께 제사를 드린다. 제사를 받으신 하나님께서는 다시는 모든 생물을 멸하지 않으시겠다고 다짐하신다. 그리고 자연을 처음 창조한 대로 다시 돌아가도록 하셨다.

창세기 9:1-29

하나님께서는 노아의 가족들에게 옛날 첫 사람들에게 주셨던 같은 축복을 주신다. "생육하고 번성하여 땅에 충만하라, 모든 생물을 다스리라" (창세기 9:1, 1:28). 또 식물과 함께 동물도 먹을 수 있게 하셨다. 단, 피는 먹지 말라. 고기를 피 채 먹지 말라는 것은 무슨 뜻인가? 피는 생명과 같은 것으로 보았다. 그리고 생명은 하나님께로부터 온 것이니 생명을 존중하라는 뜻으로 볼 수 있다.

다음으로 다시는 홍수로 세상을 심판하지 않을 것을 약속하신다. 그 증거로 무지개를 주신다. 이것을 무지개 언약이라 부른다. 무지개 언약은 하나님과 피조물 사이에 주어진 새로운 약속이다. 일곱 가지의 고운 색으로 조화된 아름다운 무지개는 홍수로 놀랜 사람들의 마음을 위로해 줄뿐만 아니라 새로운 세상에 대한 하나님의 계속되는 자비와 은혜의 상징이다.

노아는 농사를 지으며 여생을 보냈다. 그러나 술을 마시고 취해서 실수를 저지르게 되고 함은 저주를 받게 되었다 (9:20-27). 함이 저주받게 된 이유에 대해서 여러 가지 설이 있다. 가장 믿을 만한 이야기는 아버지의 실수(혹은 부끄러움)를 덮어주어야 함에도 불구하고 형제들에게 말함으로 불효했을 뿐 아니라 남의 잘못을 일반에게 알리는 부도덕한 일을 저질렀다는 것이다. 더구나 부모자식간에 있어서는 안될 일이었다. 대신 셈과 야벳은 아버지의 수치를 가리어주었다. 노아는 나중에 이것을 알고 셈과 야벳은 칭찬하고 함에게는 저주를 내린다: "가나안은 저주를 받아 형제들의 종이 되리라."

가나안(상인이라는 뜻)은 누구인가? 함의 아들이다. 전설에는 가나안이 할아버지가 술 취해 벌거벗고 누워있는 것을 먼저 보고 아버지와 다른 사람들에게 말했다고 전한다. 족보에 보면, 함의 후예는 주로 애굽과 가나안에 살던 사람들이다. 이 사람들은 나중에 이스라엘 사람들과는 원수지간이 되었다.

그러면 지금도 애굽 사람들과 가나안 사람들은 저주를 받으며 살아야하는가? 또 흑인들도 함의 후손인가? 그리고 노예로 부려도 좋은가? 그렇지 않다. 인간은 악하지만 하나님은 선하시고 자비로우시다.

2. 생활 속의 이야기

나는 어려서 한내(대천)라는 아름다운 시골에서 자랐다. 우리 동네는 조그만 시냇가에 있었다. 시냇물은 항상 맑게 흐르고 깊지도 않아서 여름엔 고기도 잡고 미역도 감았다. 냇가에는 잔디밭이 있고 큰 미루나무들이 서 있었다. 동네의 큰 소들이 잔디밭에서 한가로이 풀을 뜯으며 노는 것을 보면 얼마나 평화스러운지! 그런데 큰 장마가 지면 갑자기 세상이 변했다. 장대같은 비가 며칠 동안 쉬지 않고 쏟아지면 시뻘건 황토 물이 내가 터져라 하고 소리지르며 흘러내렸다. 조그만 시내가 글자 그대로 대천(큰내)이 된다. 그러면 나무들이 뿌리 채 뽑혀 떠내려오기도 하고 가구와 집들도 떠내려왔다. 어느 때는 소나 돼지 같은 짐승들도 떠내려왔다. 어디 그뿐인가? 어느 때는 물이 넘쳐서 우리 집안에까지 들어온다. 그러면 집에 있는 간장독이나 된장독이 둥둥 떠다니다가 벽에 부딪혀 깨어

지기도 하고 집에서 키우던 짐승들이 소리지르며 우리에서 나와 방안으로 들어오기도 했다. 그렇게 되면 온 동리 사람들이 짐들을 싸들고 높은 곳으로 피난가야 한다. 더구나 한밤중일 때는 얼마나 무서웠는지 모른다. 그런데 우리 부모님은 달랐다.

　우리 집은 우리 동네에서 제일 먼저 예수를 믿었다. 그리고 아침저녁으로 가정예배를 드렸다. 지금도 기억에 생생한 것은 큰비가 내리던 밤이었다. 물은 넘쳐서 우리 집 안에까지 차고 밖에는 천둥과 번개가 치며, 비는 계속 오고 동네사람들이 아우성 치며 피난 갈 때, 우리 집 식구들은 안방에 모여서 예배를 드렸다. 등불을 달아놓고 온 식구가 둘러앉아 찬송가 441장을 불렀다. "풍우대작 할 때와 물결일어 날 때에, 사랑하는 나의 주 나를 품어 주소서. 풍파 지나가도록 나를 숨겨주시고, 안식 얻는 곳으로 주여 인도하소서." 찬송 부르고 나서 어머니께서 기도하셨다.

　그리고 아버지께서 창세기 6장에 있는 노아의 홍수 말씀을 읽고 설명해 주셨다. 내용은 노아 시대 사람들이 악해서 벌로 홍수를 내리셨지만 홍수 후에는 다시는 물로 심판하지 않겠다고 하나님께서 무지개로 약속하셨으니 염려하지 말자. 노아의 여덟 식구를 살리신 것 같이 우리도 살려주실 것이다. 나는 이 순간 무서운 것이 사라지고 평화가 임하는 것을 경험했다. 우리 부모님이 얼마나 믿음직하신지! 그 후 많은 어려움을 이기시며 우리를 키우시고 믿음으로 사신 부모님께 지금도 감사를 드린다. 그 후 나는 가끔 큰 홍수와 같은 어려운 일을 당할 때마다 부모님을 기억하며 식구들과 함께 가정예배를 드리고 나도 믿음직한 아버지가 되어야겠다고 다시 결심한다.

3. 묵상을 위한 질문

(1) 한국 문화에도 전해 내려오는 홍수 이야기가 있는가? 있으면 무엇인지 서로 말해 보자.

(2) 성경에서 홍수 이야기가 우리에게 주는 교훈은 무엇이라고 생각하는가?

(3) 노아와 같이 의롭게 사는 모습은 어떻게 사는 모습을 두고 말하는 것인가?

(4) 무지개가 우리에게 주는 교훈은 무엇인가?

4. 결단에의 초청

노아의 시대처럼 오늘날도 죄악이 세상에 가득합니다. 예수께서 세상 끝날이 가까웠다고 하셨습니다 (마태복음 24:37-39). 사도 베드로는 장차 세상은 불로 멸망할 것이라고 하셨습니다 (베드로후서 3:8-13). 그러나 하나님께서 의로운 노아를 통해서 세상을 구원한 것처럼 오늘도 의인들을 통해서 우리를 구원하려고 하십니다.

노아는 하나님께 절대 순종했습니다. 그리고 오랜 세월 동안 낙심하지 않고 배를 지어서 가족과 짐승들을 구했습니다. 하나님께서는 지금도 노아와 같은 헌신적인 믿음의 사람을 찾고 계십니다. 하나님의 부르심에 여러분은 오늘 어떻게 응답하실 것입니까?

제4과

개척자 아브라함

창세기 12-17

1. 성경 이해

세상에서 가장 많은 사람들로부터 사랑과 존경받는 사람은 누구일까? 그는 "많은 무리의 아버지"라는 뜻의 이름을 지닌 아브라함이다. 왜냐하면 아브라함은 유대인들 뿐만 아니라 기독교인들도, 모슬렘 교인들도 위대한 신앙의 조상으로 추앙하기 때문이다.

창세기는 10:1-32에서 족보를 언급하면서 세상에 많은 사람들이 살고 있었음을 소개한다. 11:10-32에서는 한 가족(셈)의 족보를 소개하며, 12장에서부터 아브라함이라는 한 개인에게 초점을 맞추면서 아브라함을 통하여 새로운 세계가 펼쳐지는 창세기의 큰 물줄기를 소개한다. 아브라함을 중심으로 한 이 큰 물줄기는 창세기 11장부터 시작해서 25장까지 이른다.

아브라함의 가족은 갈대아 우르에서 유브라데 강을 따라 올라와 지금의 터키 남동쪽으로 이주하였다 (창세기 11:27). 이 곳은 가나안 땅의 접경지역이다. 하란에서 아브라함의 아버지 데라는 죽었고, 동생 나홀은 이 곳에 정착하고, 아브라함은 가나안으로 이주한다. 그래서 12장의 소명기사는 우르를 떠나기 전에 있었다고 본다.

창세기 12:1-20

"너는 너의 고향과 친척과 아버지의 집을 떠나 내가 네게 보여 줄 땅으로 가라" (12:1).

아브라함이 살던 곳은 어디인가? 갈대아는 옛 바빌론의 이름이다. 그리고 우르는 유브라데 강 하류에 있는 비옥한 지역으로 주전 2000년 전쯤에 수메르의 수도로 문명이 발달되고 살기 좋은 곳이었다. 그러나 다른 도시와 마찬가지로 우상의 도시요, 타락한 곳이었다. 그 곳에서 아브라함의 집안은 오랫동안 부유하게 살았던 것 같다.

하나님은 아브라함을 부르신다. 하나님의 부르심은 하나님이 하실 일과 인간이 할 일이 항상 포함된다. 하나님은 아브라함을 부르셔서 새로운 곳으로 가라고 하신다. 새로운 곳은 어디인가? 전혀 미지의 세계였다. 다만 하나님이 앞으로 인도할 곳이다.

그러면 하나님께서는 왜 이 일을 시작하셨을까? 그것은 첫째로, 새로운 민족을 일으키려고 하셨다. 노아를 택해서 새 인류의 역사를 시작하신 하나님께서 이제는 참신한 새 민족을 일으켜 세상을 구원하고자 하신다. 둘째로, 아브라함의 신앙과 덕을 통하여 새 구원의 역사를 이루시고자 하셨다. 셋째로, 모든 민족에게 복을 주시기 위해서 이 일을 시작하셨다. 아브라함을 복의 근원으로 삼으시는 것은 모든 사람에게 복을 주시기 위함이다. 축복은 새 역사의 핵심이다.

그 때 아브라함의 나이는 75세이었다. 아브라함은 이미 늙은 사람이었다. 그러나 하나님께서는 위대한 개척자의 사명을 늙은 아브라함에게 주셨다. 얼마나 놀라운 하나님의 은혜인가! 아브라함은 군말 없이 복종하였다. 가족들과 가축들을 몰고 하란을 출발하여 이스르엘 평야를 따라 남쪽으로 내려왔다. 세겜에 도착했을 때 비로소 "이 땅(가나안)을 네 자손들에게 줄 것이라"고 하셨다. 가나안 땅이 바로 하나님께서 준비하신 땅이었다. 그러나 그 땅은 비어 있는 땅이 아니라 많은 사람들이 이미 살고 있는 땅이었다. 사실 아브라함은 그들에게 복을 주려고 왔으나 가나안 사람들은 아브라함에게 불친절했다. 거주지도 주지 않았다. 그러므로 한 곳에 정착하지 못하고 계속 이동하여야 했다. 아브라함은 낙심하지 않고 가는 곳마다 제단을 쌓고 예배드리며 하나님의 위로 가운데 살아갔다.

그러나 아브라함에게는 어려운 시련들이 찾아왔다. 가나안에 가뭄이 들어 애굽으로 내려갔다 (10-20절). 애굽 역시 도덕적으로 타락한 도시였다. 본토 주민들은 아브라함의 아내 사라가 아름다운 것을 보고 빼앗으려고 한다. 아브라함은 임기 응변으로 아내를 동생이라 하여 애굽 사람들을 속였으나 결국 애굽 왕에게 빼앗긴다. 대신 많은 가축과 종들을 얻는다. 그러나 하나님께서 가만 두시겠는가? 애굽 왕의 집에 큰 재앙을 내려 사라를 구출하셨다. 이러한 일이 그 뒤에도 반복된다 (창세기 20장). 물론 사라가 아브라함의 이복동생인 것은 사실이나 그래도 그것은 아브라함의 큰 실수이었다. 부끄러움을 당하고 떠나야 했다. 그러나 하나님은 계속 아브라함을 도와주셨다.

가뭄과 사라를 빼앗길 뻔한 이야기를 창세기는 왜 전해주고 있을까? 그것은 하나님께서 아브라함에게 약속하신 약속의 땅과 아브라함을 통하여 큰 민족을 이루겠노라고 하신 하나님의 축복이 성취되는 장면이기 때문이다.

창세기 13:1-18

아브라함이 당하는 다음 시련은 롯과의 땅 싸움이었다. 롯은 아브라함의 동생 하란의 아들로, 하란이 일찍 죽자 아브라함이 어려서부터 키웠다. 롯도 아브라함과 같이 목축을 했고 재산도 많았다. 그러나 땅은 넓지가 못했다. 결국 아브라함과 롯의 목자들이 목축지를 놓고 서로 다투게 되었다. 아브라함은 먼저 땅을 차지할 수도 있었다. 그러나 아브라함은 "우리는 한 친족이라 나나 너나 내 목자나 네 목자나 서로 다투게 말자… 네가 좌하면 나는 우하고 네가 우하면 나는 좌하리라"(8-9절). 이 얼마나 마음이 넓은 사람의 말인가! 만약 아브라함과 롯이 계속 싸웠다면 어떠했을까? 아브라함은 롯에게 양보한다. 롯은 주저하지 않고 물이 넉넉하고 풀이 좋은 요단 들을 선택하여 그 곳으로 옮긴다. 바로 소돔과 고모라가 있는 곳이다. 대신 아브라함은 거친 들을 차지하게 되었다. 그러나 이 땅은 새 민족의 탄생지 곧 아브라함의 후손들에게 주기로 약속한 땅이었다. 만약 롯이 이 곳을 택했다면 아마 롯이 아브라함을 대신하여 위대한 조상이 되었을지도 모른다. 하나님께서는 아브라함의 넓은 마음을 칭찬하시며 온 가나안 땅을 자손들에게 줄 것을 다시 확인하시며, 아울러 많은 후손을 그에게 주실 것을 약속하셨다.

창세기 14:1-24

여기에 나오는 전쟁 이야기는 이 곳에만 언급되어서 해석하기가 어렵다. 다만 중요한 것은 소돔 성이 약탈당할 때 롯과 가족들이 포로로 끌려간 일이다. 아브라함은 즉시 집에서 일하는 사람들(목자 혹은 종들 318명)을 데리고 적군을 추격해서 격파하고 롯과 그 가족뿐만 아니라 포로로 잡혀간 사람들과 재물까지 찾아다가 돌려주었다. 여기서 우리는 용감하고 의리 있는 아브라함의 모습을 볼 수 있다. 싸움에 이기고 돌아오자 많은 사람이 환영했다. 그 중에 멜기세덱이 나온다. 멜기세덱은 살렘의 왕이며 하나님의 제사장이라고 소개한다. 멜기세덱은 아브라함에게 음식을 주며 축복하고 아브라함은 전쟁에서 얻은 것의 십분의 일을 그에게 드렸다. 옛날부터 제사장 제도와 십일조 제도가 있었음을 창세기는 언급하고 있다.

창세기 15:1-21

아브라함은 하나님의 신실하심을 믿는 사람이었다. 그러나 나그네 생활에 지치다 보니 믿음이 약해진 것 같다. 더구나 아브라함과 사라가 나이가 많아지면서 자식을 둘 기회가 사라져가고 있었기 때문인 것 같다. 그 때 하나님께서는 아브라함에게 주신 약속을 다시 확인시켜 주시므로 그의 믿음을 굳건하게 하신다. 즉 하늘의 별들을 보여주며 많은 자손을 주실 것과 그들이 필경 가나안 땅을 차지할 것이라는 약속이다.

하나님께서는 벌써 이스라엘 민족이 애굽에서 400여 년간 종살이하다가 다시 이 곳으로 돌아올 것을 말씀하신다. 그리고 그 증거로 아브라함이 제물을 바칠 때 하나님께서 친히 불꽃 중에 보이셨다. 하나님의 계획은 너무나 방대하여 우리는 알기 힘들다.

창세기 16:1-16

아브라함과 사라가 약속의 땅에 정착한 지 10년이 되었을 때, 사라는 나이가 많아 자신이 임신할 수 없음을 알고 자기의 몸종 하갈을 통해서 자식을 얻으려 한다. 이러한 일은 오늘날에도 가끔 볼 수 있는 일이다. 그러나 사라의 일 처리는 인간적인 방법이지 하나님과 맺은 언약을 따르는 방법은 아니었다. 사라의 몸종 하갈은 이스마엘을 낳았다. 그러나 이 일로 말미암아 가정에는 불화가 생긴다. 하갈은 여주인인 사라를 멸시하고, 사라는 하갈을 학대한다. 결국 하갈은 도망한다. 그러나 하나님께서는 불쌍한 하갈을 다시 집으로 돌려보낸다. 그리고 이스마엘도 큰 민족의 조상이 될 것을 약속하셨다. 하나님께서는 인간의 잘못까지도 선하게 돌보아 주신다.

창세기 17:1-27

아마 이 일로 아브라함은 곤경에 빠졌던 것 같다. 그러나 하나님의 계획은 이루어져 가고 있었다. 하나님께서 아브라함에게 다시 나타나셔서 좀더 구체적으로 지시하신다. 첫째로, 아브라함과 사라라는 새 이름을 주신다 (본래의 이름은 아브람과 사래였다). "아브라함"은 *많은 민족의 조상*이라는 뜻이며 "사래"는 *많은 민족의 어머니*란 뜻이다. 둘째로, 모든 남자들은 할례를 행할 것을 지시하신다. 할례는 하나님의 택함 받은 민족이라는 표식이다. 아브라함은 모든 가족들(종들까지도)에게 즉시 할례를 행하였다. 이 때가 아브라함은 99세였고 사라는 89세였다.

2. 생활 속의 이야기

2003년은 한인이 미국에 이민 온 지 100년이 되는 해다. 첫 이민자들은 하와이 사탕수수 밭에서 일하려고 온 사람들로서 많은 고생을 극복한 분들이다.

우리 교회에 해외선교를 위해 열심히 일하시는 장로님이 한 분 계시다. 이 분은 한국에 계실 때 잘 사셨는데 자녀들을 위하여 네 식구가 미국에 이민 온 분이다. 처음 미국에 왔을 때 반갑게 맞이하는 사람도 없었고, 물론 직장도 구하기가 어려웠다. 결국 어느 공장에 들어가서 일하게 되었다. 그러나 전혀 해보지도 못한 일이었다. 부인도 역시 일하러 나가야 했다. 주일이 되면 교회에 나가서 예배 드리고 주중에는 열심히 일했다. 처음에는 서툴던 일도 손에 익히게 되고 낯선 사람들도 친구가 되어갔다. 어린 아들들도 학교에 잘 다녔다.

그런데 어느 날 갑자기 직장에서 돌아온 아내가 배가 아프다고 쩔쩔맨다. 부랴부랴 병원에 가서 진찰을 받아보니 위암이라는 것이다. 위암도 중증으로 위 전체뿐 아니라 다른 부분까지 제거하게 되었다. 그러나 어찌하랴? 기도하며 수술을 마치고 결과를 보기로 했다. 수술은 잘 마쳤으나 회복이 안되었다. 다시 조사를 했더니 의사의 실수로 쓸개를 다쳐서 회복이 안되고 있음을 알고 다시 수술했다. 고통스러울 뿐만 아니라 희망이 없다고 생각했다. 결국 시간은 더 걸렸으나 회복되어 다시 일하게 되었다. 그 때부터는 그는 선교에 헌신하게 되었다. 아들들도 변호사로, 사업가로 성장해서 부모의 일을 적극 돕고 있다. 얼마나 감사한 일인가! 하나님은 이민자들을 돕는 분이시다.

3. 묵상을 위한 질문

(1) 미국에 와서 제일 처음 당한 어려움을 서로 나누어 보자.

(2) 아브라함이 하나님의 부르심을 받은 이유가 무엇이었다고 생각하는가?

(3) 아브라함은 그가 당한 어려움을 어떻게 이길 수 있었나?

(4) 형제나 가족 간에 다투었던 일이 있었나 생각해 보자. 다툰 이유는 무엇이었으며, 어떻게 해결했는가?

4. 결단에의 초청

그리스도인은 하나님의 부르심에 응답하며 세상을 사는 사람들입니다. 우리를 부르시는 하나님은 우리 한 사람 한 사람을 위하여 특별한 계획을 가지고 계십니다. 때로는 왜 부르셨는지, 혹은 어디로 가라고 하시는지 알 수 없을 때가 있습니다. 그러나 하나님께서는 우리 나름대로 위대한 개척자, 위대한 조상이 되라고 부르십니다. 어떻게 하면 이 사명을 감당할 수가 있을까요?

그것은 하나님을 굳게 믿고 그의 뜻대로 사는 것입니다. 아브라함처럼 미지의 세계를 믿음으로 나아갑시다.

제5과
의인이 없어 망한 도시
창세기 18-20

1. 성경 이해

옛날 세상에서 가장 아름다운 도시가 있었다면 어디였을까? 소돔과 고모라가 그 중의 하나였다고 한다. 도로는 황금으로 포장되었고, 집들은 보물로 꾸며졌으며, 모든 것이 풍부한 도시였다고 한다. 그런데 왜 갑자기 망했으며, 그 이유는 무엇일까? 성경의 말씀을 들어보자.

창세기 18:1-15

소돔과 고모라를 찾아가는 천사들은 먼저 아브라함을 방문한다. 무더운 대낮에 세 사람이 아브라함이 사는 곳에 온다. 아브라함은 멀리서 오는 사람들을 보고 뛰어나가서 환영한다. 그리고 자기 집에 들어와서 쉬고 가기를 간청한다. 그뿐인가? 송아지를 잡고, 음식을 정성껏 준비하여 대접한다. 처음 보는 사람들이지만 아브라함은 대단한 친절을 베푼다.

아브라함이 천사인줄 미리 알고 그랬을까? 그렇지 않았다 (히브리서 13:2). 아브라함은 사람에게 친철을 베푸는 것이 곧 하나님을 공경하는 것이라고 생각했다. 예수께서 심판 날에 지극히 작은 자에게 한 것이 곧 내게 한 것이라 (마태복음 25:31-40)는 말씀대로 나그네를 잘 대접한 것이다 (디모데전서 3:2). 하나님께서는 아브라함의 친절을 보시고 기뻐하며 내년 이 때에 사라가 아들을 낳을 것이라고 말씀하신다. 이 때 이 말을 듣고 있던 사라가 속으로 웃으며 이 나이에 어떻게 아이를 갖겠느냐고 혼자 말한다. 그러나 하나님께서 "내게 (여호와께) 능치 못한 일이 있겠느냐?" (14절) 하며 사라를 꾸짖으신다. 사라가 웃었으므로 나중에 아들을 낳고 이름을 이삭(웃음)이라 짓는다. 우리 하나님은 불가능도 가능케 하시는 희망의 하나님이시다. 사라의 불신앙은 언약을 지키시는 하나님을 더 분명하게 나타내 준다.

창세기 18:16-33

하나님께서는 아브라함에게 소돔과 고모라 성을 멸망시킬 것을 말씀하신다. 소돔과 고모라는 이미 악하기로 이름난 도시였다. 벌을 받을 수밖에 없었다. 그러나 아브라함은 하나님께 묻는다. "의인을 악인과 함께 멸하시렵니까?" 만약 도시 안에 의인 50명이 있더라도 죄인들과 함께 멸하시렵니까? 아브라함은 사랑과 용기도 많았지만, 지혜도 대단했다. 하나님께서는 의인이 있으면 멸하지 않으시겠다고 하신다. 그러나 의인 50명이 아니라 10명도 없어서 결국은 망하게 된다. 아브라함은 끈질기게 하나님께 구하지만 소돔과 고모라는 구원받을 자격이 너무 없었다. 아브라함은 의인만 구하려는 것이 아니라 죄인까지도 구하려고 기도하였다.

창세기 19:1-38

두 천사가 소돔에 갔을 때, 롯 외에는 아무도 환영하지 않는다. 롯은 아브라함을 본받아 친절하게 그들을 자기 집으로 데리고 가서 대접한다. 그런데 밤이 되자 온 시민이 롯의 집에 몰려와서 행패를 부린다. "오늘 밤에 네게 온 사람들이 어디 있느냐 이끌어 내라 우리가 그들을 상관하리라"(5절). 놀란 롯이 나가서 아무리 말려도 듣지 않는다. 결국 천사들은 몰려온 사람들의 눈을 멀게 하고 롯에게 가족을 데리고 속히 성에서 나가라고 한다.

도대체 소돔 사람들이 천사들에게 어쩌자는 것일까? "상관하리라"는 말의 뜻은 히브리어로 "야다"라 한다. 즉 "안다" 혹은 "지식"이란 뜻이다. 그리고 "성교하다"라는 뜻도 있다. 그러므로 이 말은 옛날부터 두 가지로 해석되었다. 첫째는 소돔 사람들이 새로 온 나그네들에게 텃세를 부리거나 혹은 시비를 걸어 어려움을 주면서 즐기려는 것으로 불친절함을 뜻한다고 보았다(에스겔 16:49-50; 마태복음 10:14-15). 다음으로 성적으로 타락한 것을 의미한다고 보았다. 즉 집단적으로 겁탈하거나 혹은 강간하려는 악한 사람들이라고 해석했다(베드로후서 2:6-8; 유다서 7절).

하여튼 소돔과 고모라는 죄가 넘쳐흐르는 타락한 사람이나, 도시나, 국가의 대표적인 예로 사용되고 있다(이사야 1:9-10; 마태복음 11:23-24). 소돔과 고모라는 결국 하늘에서 불이 내려 망하고 만다. 갑자기 터진 화산이나 지진에 의해 도시는 망하고, 도시가 있던 곳은 지금의 사해가 되었다고 전해지고 있다.

롯은 가족들을 데리고 성을 떠나려고 하지만 가족들이 듣지를 않는다. 결국 롯과 아내와 출가하지 않은 두 딸만 나온다. 그러나 롯의 아내는 뒤를 보지 말라고 한 천사의 말을 어기고 뒤를 돌아보다가 소금 기둥이 되고 만다.

롯은 임시로 소알이라는 곳에 산다. 그러나 술에 취하여 두 딸과 부끄러운 관계를 맺는다. 그의 자손은 모압(같은 아버지)과 암몬("아버지의 아들"이라는 뜻)이라 부른다. 롯은 좋은 곳을 택한 것 같았으나 (13:10-11) 결국은 물질뿐만 아니라 도덕적으로도 크게 실패하고 만다.

2. 생활 속의 이야기

소돔과 고모라 사람들의 죄가 무엇인가? 이 질문은 예나 지금이나 계속 반복되고 있다. 물론 성적인 타락이라고 한다. 또한 신학자들은 그것보다 더 큰 죄로 불친절이라는 죄를 말하기도 한다.

탈무드에 의하면, 소돔과 고모라는 요단 강 하류에 있는 비옥하고 아름다운 곳으로 에덴 동산과 같았던 곳으로 표현한다. 그러나 인심은 사나운 곳이었다고 한다. 예를 들면, 낯선 사람을 좋아하지 않아서 낯선 사람이 오면 누구에게나 의심을 품었다고 한다. 가난한 사람이 오면 처음에는 환영하는 척 하지만 결국은 굶어죽게 만들고, 이 곳을 방문한 여행자들은 모든 것을 빼앗기고 마지막에는 빈손으로 나가게 한다. 또한 어려움을 당한 사람들을 절대 도와주지 않기로 결의하고 혹시 도와준 사람이 발견되면 벌을 주었다고 한다.

그래서 유대인들은 소돔과 고모라가 저지른 큰 죄는 다

른 사람이 착한 일을 하는 것을 금하고, 착한 일을 한 사람을 벌한 것이라고 본다. 오늘날의 말로 표현하면 위선자들이었고, 인종차별주의자들이었으며, 이민자들을 싫어하는 나쁜 사람들이었다.

친구목사가 성탄절 휴가 때 들려준 이야기가 생각난다. 목사님 부부가 급한 일이 있어서 시카고에 왔다가 집으로 돌아오던 12월의 추운 밤이었다. 마침 눈이 내려서 온 세상이 하얗게 덮여있었다. 인디아나폴리스 근처에 왔을 때 자동차가 갑자기 미끄러지면서 두어 번 돌다가 멈추었다. 정신을 차리고 보니 다행히 다친 데는 없었고, 차는 전복되지 않아서 시동이 걸렸다. 그런데 눈 속에 박혀서 바퀴만 헛돌 뿐 자동차는 조금도 움직이지 않았다. 교통경찰을 기다릴 수밖에 없다고 생각하고 차에 있을 때, 마침 할머니 혼자서 운전하고 가던 차가 멈추는 것이 아닌가? 그 할머니가 차창을 내리고 무어라고 부르는 것 같았다. 목사님은 차가 미끄러진 이야기를 하고 교통경찰을 기다리는 중이라고 했다. 그러자 할머니는 차에서 내려서 자기가 뒤에서 밀 터이니 시동을 다시 걸어보라고 했다. 목사님은 안될 것이라고 하면서도 혹시나 하고 시동을 걸자 자동차가 조금씩 움직이더니 결국 길가로 나가는 것이 아닌가? 목사님은 할머니께 고맙다고 하면서 이름과 주소를 물었더니 할머니는 당신도 기쁘다고 하면서 자기 이름과 주소는 알 필요도 없다면서 잘 가라는 말 한 마디하고는 가버렸다는 것이다. 이 얼마나 친절한 분인가!

예수님은 선한 사마리아 사람의 비유를 들면서 지금도 우리에게 자비를 베푸는 사람이 되라고 가르치신다.

3. 묵상을 위한 질문

(1) 어린아이들이 남에게 자비를 베풀고 친절하게 대하며 살 수 있도록 우리는 어떻게 의도적으로 그들을 훈련시키고 있는가?

(2) 다른 사람에게 친절하게 했을 때 돌아오는 혜택은 무엇일까?

(3) 롯의 아내가 뒤를 돌아보다가 소금 기둥이 된 것처럼, 우리 생활 속에서 돌아보지 말아야 할 것은 무엇인가? 뒤를 돌아보다가 실수한 일들이 있으면 서로 말해 보자.

4. 결단에의 초청

하나님은 자비하십니다. 비록 악한 성이라도 멸하지 않으시려고 애쓰십니다. 더구나 의인을 악인과 함께 멸하지 않으십니다. 그런데 소돔 성을 구할 의인 열 사람이 없었습니다. 하나님께서 원하시는 것이 무엇일까요? 아브라함을 통해서, 예수님을 통해서 바라시는 것이 무엇일까요? 네 이웃을 사랑하라는 것이 아닐까요? 율법에 나그네를 사랑하라는 말씀을 얼마나 반복하시고 계십니까? (출애굽기 22:21; 23:9) 예수님과 사도들은 나그네들을 돌보며 사랑하라고 가르치셨습니다 (마태복음 25:35, 38, 43; 디모데전서 3:2; 베드로전서 4:8-9). 우리가 조금만 더 친절하여도 세상은 변할 것입니다.

제6과
여호와 이레
창세기 20-23

1. 성경 이해

창세기 22장은 구약에서 가장 이해하기 어려운 부분 중에 하나이다. 진리는 보편적이라 알기 쉽지만 어느 때에는 그렇지 않다. 그러면 어떻게 해석해야 하나?

창세기 20:1-18

소돔과 고모라가 망하는 끔찍한 사건을 본 아브라함은 가나안의 남서쪽 지방에 있는 그랄이라는 곳으로 옮겼다. 그러자 그 곳에서 그랄 왕 아비멜렉에게 자기 아내를 빼앗기는 어려움을 당한다. 비록 믿음이 강한 아브라함도 어쩔 수 없었던 것 같다.

그러나 이러한 사건은 아브라함과 사라를 통하여 하나님께서 약속하신 내용에 어긋나는 것이었다. 그러므로 하나님은 어긋난 것을 바로 잡으셔야 했다. 그래서 하나님께서는 아비멜렉에게 꿈에 나타나셔서 당장 사라를 아브라함에게 돌려주지 않으면 죽을 것이라고 호령하신다. 놀란 아비멜렉은 즉시 사라를 돌려보낼 뿐만 아니라 많은 선물까지 아브라함에게 주었다.

창세기 21:1-34

사라는 하나님께서 약속하신 대로 이삭을 낳는다. 이 때가 아브라함은 100세였고 사라는 90세였다. "이삭"이라는 이름은 "하나님께서 나에게 웃음(기쁨)을 주셨다"는 뜻이다. 그러나 웃음 속에도 근심이 있듯이, 하갈과 이스마엘이 집에서 쫓겨나게 되었다.

이삭은 하나님께서 약속하신 선물이요, 이스마엘은 인간의 머리로 계획하여 얻은 결과를 대변하는 사람이다.

창세기 22:1-24

하나님은 아브라함이 하나님을 얼마나 "경외"하는가를 시험하신다 (21:1, 12). 여기에서 하나님을 경외한다는 것은 아브라함이 자기의 느낌이나, 태도나, 이익 관계를 따져보지 않고 행동으로 직접 보여주는 하나님과의 올바른 관계를 의미한다. 그 시험은 이삭을 죽여 하나님께 번제로 바치라는 것이다.

아브라함은 아무런 불평 없이 어린 이삭과 종을 데리고 3일 동안 하나님께서 명하신 모리아 산으로 갔다. 모리아 산이 어디였을까? 예루살렘 성전이 있는 곳이라고 전해진다. 산밑에 도착하여 아브라함은 종을 남겨두고 이삭에게 나무를 지우고 자기는 불과 칼을 들고 산에 올랐다. 도중에 이삭이 아브라함에게 묻는다. "아버지여… 불과 나무는 있거니와 번제할 어린 양은 어디 있습니까" (7절). 아브라함은 "내 아들아, 번제할 어린 양은 하나님이 자기를 위하여 친히 준비하시리라"(8절)고 대답했다.

산 위에 올라가서 아브라함은 이삭과 함께 제사드릴 준비를 한다. 번제는 짐승을 죽여 불에 태워 제사 드리는 것이다. 모든 일을 마친 뒤 아브라함은 드디어 이삭을 결박하여 제단 위에 놓고 칼을 들어 죽이려고 했다. 그 때 천사가 급하게 아브라함을 부르면서 "아브라함아 아브라함아… 그 아이에게 네 손을 대지 말라 그에게 아무 일도 하지 말라 네가 네 아들 네 독자까지도 내게 아끼지 아니하였으니 내가 이제야 네가 하나님을 경외하는 줄을 아노라" (11-12절) 하고 숫양 한 마리를 준비하여 대신 제사드리게 하셨다. 아브라함은 이 곳을 "여호와 이레"(하나님이 준비하신다는 뜻)라 불렀고, 후에 사람들은 "하나님께서 이 산에서 마련해 주신다"라고 했다 (14절).

그리고 나서 하나님께서 아브라함에게 다시 약속하시기를 "네가 네 아들 네 외아들마저 서슴지 않고 바쳐 충성을 다하였으니… 나는 너에게 복을 주어 네 자손이 하늘의 별과 바닷가의 모래같이 불어나게 하리라. 네 후손은 원수의 성문을 부수고 그 성을 점령할 것이다… 세상 만민이 네 후손의 덕을 입을 것이다" (16-18절, 공동번역). 아브라함은 이 시험을 어떻게 감당할 것인가?

많은 사람들은 이 문제를 놓고 고민도 하고, 슬퍼하기도 하며, 기뻐하기도 했다. 모슬렘 신학자들은 제물로 드려진 것은 이삭이 아니고 이스마엘이었다고 한다. 왜냐하면 당시 장자를 제물로 드리는 사례가 있었기 때문이다. 유대인들은 이 사건을 "아케다"(묶였다)라 부르면서 유대인의 삶과 신앙의 모델로 삼는다. 즉 아브라함과 이삭처럼 유대인들은 계속 하나님께로부터 어려운 시험을 받고 믿음으로 순종하면서 이기며 복을 받고 살아간다.

창세기 23:1-20

사라가 127년을 살고 헤브론에서 죽는다. 아브라함에게는 대단히 슬픈 일이었다. 사라는 아름다운 여인이었으며 또한 개척자의 부인답게 미지의 세계를 함께 여행하며 살았다. 아브라함의 아내며 가장 힘있는 친구였다. 그러나 누구나 죽음은 오게 되어있는 법이다. 사라가 죽었을 때, 아브라함과 사라에게 속한 땅이 없었다. 하나님께서는 아브라함에게 땅을 약속하시지 않았던가!

아브라함은 묘지를 구한다. 에브론 사람들(헷 족속)은 아브라함에게 아주 비싼 거래를 한다. 결국은 400세겔을 주고 막벨라 굴이 있는 에브론의 밭을 묘지로 샀다. 비록 하나님께서 가나안 땅을 아브라함과 그의 후손들에게 주시기로 약속했으나 돈을 주고 땅을 사야했다. 하나님의 약속은 성취된 것이다. 사라의 무덤을 위해 산 땅은 아브라함의 소유지가 되었고 (4, 9, 20절), 하나님께서 약속하신 약속의 땅의 일부가 된 것이다. 또한 이 작은 땅은 미래를 위하여 하나님께서 인간을 인도하신다는 희망을 보여주는 땅이기도 하다. 오늘날도 유대인들은 이 땅을 지키고 있다고 한다. 하나님은 인간을 통하여 그의 목적을 달성하신다.

2. 생활 속의 이야기

하나님께서 사람을 시험하시는가? 그렇다. 욥도 시험을 받았고, 예수님도 여러 번 시험을 받으셨다. 시험에는 두 가지가 있다. 첫째는, 자기 욕심에 끌려서 시험을 당하는 경우가 있다 (야고보서 1:12-15). 둘째는, 하나님께서 큰 일을 이루기 위해 인간을 훈련시키려고 주시는 시험이 있다 (베드로전서 1:6-7). 이런 시험은 욥과 같은 담대한 마음으로 끝까지 이겨야 한다.

 아브라함의 경우, 이 두 가지 시험이 겹쳐서 나타난 것 같다. 이삭이 얼마나 귀엽고 사랑스러웠을까? 더구나 이삭을 통하여 큰 민족을 이루리라고 하신 하나님의 약속이 있지 아니한가? 그런데 이삭을 죽여서 제물로 바치라고 하신 하나님의 요구가 얼마나 무리한 것인가? 시험 중에도 가장 어려운 시험이다. 그러나 아브라함은 하나님을 절대적으로 신뢰하면서 그 시험을 이겨냈다.

 내가 아는 김 장로님은 미국에 온 지 40년이 넘는 이민 고참이다. 일찍 유학을 왔다가 미국에서 좋은 회사에 취직이 되어 결혼도 하고 두 딸과 한 아들을 둔 행복한 분이었다. 그런데 고등학교에 다니던 아들이 갑자기 뇌암에 걸려서 죽게 되었다. 수술도 해 보았다. 교우들과 함께 기도도 열심히 했다. 여러 가지 방법을 다 시도해 보았지만 회생시킬 수가 없었다. 결국 가족들이 지켜보는 가운데 그 아들은 세상을 떠났다. 누구도 어떻게 위로해야 될지 몰랐다. 그 때 김 장로님도 대단히 힘든 것 같았다. 처음엔 사람도 잘 만나지 않고 말도 잘 하지 않으셨다. 부인도 남편을 위로하느라 더 힘드는 것 같았다. 그러나 시간이 가면서 하나님께서 필요하시니 데려 가셨지요 하면서 방문자들을 오히려 위로하는 것이었다. 그리고 뇌암에 걸린 청소년들을 돕기 위해 열심히 일하는 것을 보았다. 그렇다. 인간의 운명은 하나님의 손에 달린 것이다. 불행이 올 때, 이것을 이길 수 있는 믿음이 우리에게 필요하다.

3. 묵상을 위한 질문

(1) 베드로전서 1:6-7을 읽고 그 말씀이 주는 의미를 생각해 보자. 그리고 내가 당했던 시험들을 회상해 보고, 무엇을 얻었던가를 나누어 보자.

(2) 내가 하나님께 순종하므로 일어난 좋은 결과를 경험한 적이 있었는가? 순종할 때 가장 어려웠던 일이 무엇이었다고 생각하는가?

(3) 가족이나 친구 또는 교인의 장례식에 참여했을 때마다 무슨 느낌이 드는가? 나의 죽음에 대해서 생각해 보자. 내가 죽으면 사람들이 나에 대하여 무슨 말을 할 것이라고 생각하는가?

4. 결단에의 초청

하나님께 절대적으로 순종하는 것은 쉬운 일은 아닙니다. 그러나 순종이 그리스도인들이 가야할 최선의 길입니다. 때로는 많은 장애물이 우리의 앞길을 막을 때가 있습니다. 예수님께서도 같은 일을 당하시고 "사탄아 물러가라" 하셨습니다. 우리에게도 사탄의 시험을 이기라고 하십니다. 그리고 성령의 도우심을 받으라고 하십니다. 우리는 약한 존재입니다. 그러나 우리 하나님은 자비하시고 공평하시며 진실하십니다. 아브라함과 같이 믿음으로 순종하며 살아가는 길이 험난하다고 생각이 들더라도 그 길을 택합시다.

제7과
평화의 사람 이삭
창세기 24-26

1. 성경 이해

아브라함과 사라가 너무 늦게 난 아들 이삭. 그래서 어이가 없어서 웃기도 하고 또 너무 기쁘고 놀라서 웃었으므로 이삭(웃음)이라 불렀다. 행복하게 자라던 이삭은 하나님의 시험으로 모리아 산에서 제물이 되어 죽을 뻔하기도 했다. 그는 어떻게 믿음을 지키며 살았는가?

창세기 24:1-67

아브라함의 자손이 "땅의 티끌 같게 하리라"는 하나님의 언약이 성취되기 위해서는 이삭이 장가를 들어야 한다. 이삭이 장가들 때가 되어서 아브라함은 사랑하는 아들을 위해 좋은 며느리를 구하려고 계획을 세운다. 좋은 아내와 결혼하는 것은 인생의 가장 큰 성공 중의 하나라고 말한다. 아브라함은 먼저 신앙적인 며느리를 찾는다. 가나안 땅에도 많은 사람들이 살고 있었다. 그러나 하나님을 모르고 우상을 섬기는 사람들이었다. 그래서 우선 하란에 살고 있는 친족 가운데서 찾는다. 그리고 충성되고 오랫동안 집안 일을 도맡아 온 늙은 종 엘리에셀에게 며느리를 구해

오도록 한다. 이 때 종의 손을 아브라함의 환도뼈 밑에 대고 맹세하게 한다. 환도뼈는 엉덩이뼈 혹은 넓적다리를 가르치며 이 곳에 손을 대고 맹세하는 것은 주인의 명령에 철저히 복종하겠다는 의미를 갖고 있다고 본다. 그리고 이삭을 그리로 데려가지 말고 대신 신부를 직접 데리고 오라고 부탁한다. 아브라함은 하나님께서 이미 좋은 며느리를 준비해 주셨음을 믿었다. 천사가 인도할 것을 믿었다. 종 역시 하나님께 기도하며 많은 선물을 준비하여 메소포타미아로 갔다.

아브라함의 친족들이 살고 있는 나홀의 성에 도착한 종은 우선 우물가에서 쉬면서 저녁때 물을 길러 나오는 처녀들 중에서 사람을 찾았다 (10-61절). 마침 아브라함의 동생 나홀의 아들 브두엘의 딸이며 아브라함의 조카딸인 리브가를 만난다. 그는 아름답고 친절했다. 처음 본 사람에게 물도 주고, 또 자기 집으로 데리고 간다. 하나님께서 예정했던 사람이었다. 가족들의 안부를 나눈 뒤 종은 즉시 자기의 온 목적을 이야기하고 즉석에서 청혼한다. 리브가의 집안에서도 하나님의 뜻으로 믿고 기쁘게 허락한다. 그리고 다음날 리브가는 종을 따라서 이삭의 집으로 와서 이삭의 아내가 되었다. 리브가는 모험심이 강하고 용기 있는 믿음의 여성이었다. 성공적인 결혼은 하나님의 뜻에 따라야 한다.

아브라함의 아들 이삭이 장가가는 평범한 이야기를 통하여 우리는 하나님께서 그의 뜻을 이루기 위하여 인간의 삶 속에서 역사하시는 하나님의 섭리의 손길을 볼 수 있다. 그리고 하나님의 인도하심에 우리의 삶을 맡길 수 있는 믿음을 지녀야 한다.

창세기 25:1-18

아브라함이 노년에 그두라와 결혼해서 자녀들을 두게 된다. 그리고 많은 재산을 이삭에게와 다른 자녀들에게도 주고, 다른 자녀들을 동쪽으로 보내어 살게 했다. 아브라함은 175세에 죽는다. 사라가 묻힌 막벨라 굴에 합장하여 이삭과 이스마엘이 장례를 치렀다. 위대한 개척자며 믿음의 조상인 아브라함은 조용히 하나님 나라로 돌아갔다.

창세기 25:19-34

이삭과 리브가는 결혼한 후 약 20년 동안 아이를 갖지 못한다. 아브라함과 사라처럼 많은 후손을 약속 받았지만 실제로 자녀가 없었다. 그래서 하나님께 간구했더니 쌍둥이를 주셨다. 에서와 야곱이다. "에서"는 붉다는 뜻이고 "야곱"은 발꿈치를 잡았다는 뜻이다. 하나님께서는 그들이 태어나기 전에 두 민족이 태어날 것이고, 형이 동생을 섬길 것이라고 말씀하셨다. 에서가 먼저고 야곱이 나중에 태어났다. 에서는 남성답게 생겼고 또 사냥을 좋아해서 아버지 이삭이 좋아했고, 야곱은 조용한 성격으로 어머니를 잘 도와주어서 리브가가 사랑했던 것 같다.

하루는 야곱이 팥죽을 쑤고 있을 때, 에서가 들에서 돌아왔다. 배고픈 에서가 야곱에게 죽을 달라고 하자 야곱은 장자의 상속권을 팔라고 했다. 에서는 장자의 상속권을 가볍게 여기고 이를 허락했다. 뒷날 에서는 에돔의 조상이 되고, 음식 한 그릇에 장자의 명분을 판 사람으로 조롱을 받게된다 (히브리서 12:16).

창세기 26:1-35

26장에는 이삭이 하나님으로부터 축복 받은 이야기들이 실려 있다. 인간이 당하는 역경 속에서도 하나님은 언약을 지키시기 위하여 언약의 백성을 보호하신다.

이삭과 리브가는 옛날 아브라함과 사라가 당했던 똑같은 흉년을 당했다. 이삭도 아브라함과 같이 흉년을 피하기 위하여 그랄로 갔다. 거기서 아브라함과 같이 이삭도 리브가를 자기의 누이라고 속였다가 망신을 당한다. 그러나 하나님은 이삭에게 많은 복을 주셔서 부자가 되게 하셨다.

이민자가 잘되면 대개 본토인의 시기와 질투를 당하게 된다. 이삭도 마찬가지였다. 처음엔 샘들을 메워 물을 마시지 못하게 한다. 그리고 다른 곳으로 옮겨가라고 한다. 이삭은 다투지 않고 옮겨간다. 그리고 우물을 파서 물을 얻자 그 곳 사람들은 쫓아와서 두 번이나 빼앗는다. 그 때마다 이삭은 싸우지 않고 옮겨 새 우물을 팠다.

세 번째는 아주 멀고 땅이 좋지 않은 곳으로 옮겨갔다. 그 곳에 천막을 치고 샘을 팠더니 더 이상 따라와 괴롭히지 않았다. 그래서 그 곳 이름을 르호봇(넓다는 뜻)이라 부르며 하나님께서 우리 앞을 활짝 열어주셔서 우리도 이 땅에서 번성하게 되었다고 소리쳤다.

그가 이동하는 곳마다 본토인들은 시기하며 괴롭혔지만 이삭은 양보하며 평화적으로 살아가려고 애쓴다. 하나님께서는 이삭을 사랑하시고 원수들 가운데서도 안전하게 살 수 있도록 도우셨다. 결국 불레셋 사람들도 하나님께서 이삭을 도와주셔서 모든 일이 형통하는 것을 보고 아브라함과 맺었던 평화조약을 다시 맺는다.

2. 생활 속의 이야기

　이삭은 신앙의 전통을 잘 지키며 원주민들과 평화를 유지하며 살기를 원했다.
　교회를 새로 사서 이사를 했다. 교통도 좋고, 건물도 좋고, 주위환경도 좋았다. 그러나 얼마 안되어 예상하지 못했던 문제들이 생겼다. 가끔 교회나 주차장에 세워둔 차의 유리창이 깨지는 것이 아닌가? 그래서 경찰에 신고하고 철저히 감시했으나 별 효과가 없었다. 더구나 골치 아픈 문제는 동네 아이들이 교회 지붕에 올라가서 뛰어다니는 바람에 지붕도 망가지고 위험하기도 했다. 지붕에 올라간 아이들을 붙잡아 꾸짖기도 했으나 조금도 무서워하거나 뉘우치지 않았다. 왜 그럴까? 무엇이 문제인가?
　그러는 중에 청소년들이 다른 교회처럼 교회에 농구대를 세워달라는 요청이 있었다. 그러나 어른들은 반대했다. 이유는 농구대를 세우면 동네 농구대가 된다는 것이다. 교회 청소년들이야 주일날 잠깐 사용할 뿐이고 나머지는 동네 아이들이 사용할 것이니 동네 아이들이 몰려서 운동하다가 교회건물을 망가뜨리면 어떻게 하느냐는 것이었다. 그러자 몇몇 청소년들이 그러면 다른 교회에 가겠다고 하는 것이 아닌가?
　어른들은 할 수 없이 청소년들을 위하여 주차장 한 모퉁이에 농구대를 세워주었다. 과연 예상한 대로였다. 동네 아이들이 몰려와서 노는 것이었다. 그뿐 아니라 농구대의 네트도 링도 떼어가기도 했다. 그 때마다 새로 사다가 달아놓았다. 그런데 놀라운 일은 교회 유리창을 깨거나 지붕에 올라가는 일이 없어지기 시작하는 것이 아닌가! 우리가 얼마나 어리석었던가! 다음엔 밤새 운동할 수 있게 불을 밝게 밝혀주고, 교회 문도 열어서 물도 마시게 하고, 화장실도 쓰게 하며 친절하게 대했다. 과연 교회에 더 이상 사고도 없고, 오히려 동네 사람들 중에 교회에 나오는 사람도 생기기 시작했다.

3. 묵상을 위한 질문

(1) 내 지경을 넓혀달라고 기도했던 야베스의 기도를 생각해 보자 (역대상 4:10). 진정으로 넓히고 싶은 곳은 어디일까? 내가 살고 있는 곳을 더 넓게 할 수 있는 길은 없을까?

(2) 평화를 이루기 위해 양보한다는 것이 현실적으로 어리석은 일인가? 양보해서 잃은 것과 얻은 것을 비교해 보자.

(3) 우리는 어디까지 양보해야 하는가?

4. 결단에의 초청

하나님은 평화의 하나님이십니다. 그러므로 화목케 하는 자(공동번역은 평화를 위하여 일하는 사람으로 번역했다)가 복이 있다고 하셨습니다. 예수께서는 우리에게 참평화를 주시기 위하여 십자가를 지셨습니다. 참 평화는 양보와 희생을 통하여 이루어집니다. 평화스러운 가정과 교회와 사회를 위하여 여러분은 무엇을 하고 계십니까?

제8과

천사와 씨름한 야곱

창세기 27-36

1. 성경 이해

교회 나오기를 아주 싫어하던 교우 한 분이 창세기를 공부하고는 열심히 나오기 시작했다. 목사님은 궁금해서 그 이유를 물었다. 그 분의 대답은 야곱이 나보다도 더 나쁜 사람인 줄 미처 몰랐다는 것이다. 문제의 인물 야곱은 어떤 사람인가? 어떻게 야곱이 그렇게 많은 복을 받을 수 있었는가?

창세기 27-28장

야곱의 이야기는 창세기 25장부터 시작해서 50장까지 계속된다. 야곱의 이야기를 통하여 하나님의 언약은 꼭 성취된다는 사실을 알게 되지만, 왜 하필이면 야곱인지 우리는 하나님의 뜻을 헤아려 알 수 없다.

야곱의 이야기는 다음과 같이 진행된다. 쌍둥이로 태어나서 장자가 되지 못한 야곱은 장자가 될 엉뚱한 생각을 한다. 야곱은 장자의 권리를 대수롭지 않게 여기는 형 에서와, 늙어서 잘 보지 못하는 아버지를 속여서 장자의 권리와 축복을 어머니의 도움을 받아 가로챈다. 당시 장자에게는 땅을 포함해서 가문의 재산을 이어받을 권리가 주어졌으며, 축복을 받는다는 것은 건강하고, 자녀를 많이 두고, 물질적으로 풍부해질 뿐 아니라, 안정을 누리면서 오랫동안 행복하게 사는 것이라고 믿었다. 나중에 형 에서는 야곱이 자기를 속인 것을 알고 동생을 죽이려고 한다.

그래서 형 에서를 피하기 위하여 야곱은 하란에 있는 외삼촌 집으로 가게된다. 하란으로 가는 도중 벧엘(루스)에서 쉬게 되었을 때, 빈들에서 돌을 베개삼아 잠들었던 야곱은 꿈을 꾼다. 꿈 속에서 하나님을 만나고, 아브라함과 이삭에게 주셨던 약속을 받는다. "내가 너와 함께 있어 네가 어디로 가든지 너를 지키며 너를 이끌어 이 땅으로 돌아오게 할지라 내가 네게 허락한 것을 다 이루기까지 너를 떠나지 아니하리라" (28:15).

야곱은 하나님께서 여기에도 계시고 또 자기를 사랑하시고 돌보아주심을 깨닫고, 그 곳을 벧엘(하나님의 집)이라 부른다. 그리고 하나님께서 계속 도와주실 것을 기도하며 자기가 무사히 고향에 돌아오면 이 곳에 성전을 세우고 십일조를 드릴 것을 서원한다.

창세기 29-31장

야곱은 무사히 외삼촌 라반의 집에 도착한다. 곧 사촌동생인 라헬과 사랑에 빠져 결혼하려고 한다. 그러나 결혼하려면 당시의 풍습에 따라 신랑이 신부집에 많은 선물을 주어야 하기 때문에 야곱은 외삼촌 라반에게 7년 동안 무보수로 일할 것이니 라헬과 결혼하게 허락해 달라고 한다. 라반은 기쁘게 허락한다.

야곱은 라헬을 사랑했기에 7년을 쉽게 지낼 수 있었다. 그러나 7년이 지나서 결혼하게 되자 라반은 야곱을 속인다. 즉 큰 딸 레아를 라헬 대신 야곱에게 준다. 항의하는 야곱에게 이 나라의 풍습이 동생부터 시집보내는 법이 없으니 다시 7년 일하겠다고 하면 라헬을 주겠다고 한다. 결국 약삭빠른 야곱도 어쩔 수 없이 속고 말았다.

　야곱은 당시의 일부다처제에 따라 레아와 라헬뿐 아니라 그들의 몸종인 실바와 빌하까지 네 아내를 갖게되고 그들에게서 열두 아들을 얻게 된다. 열두 아들은 르우벤, 시므온, 레위, 유다, 잇사갈, 스블론, 단, 납달리, 갓, 아셀, 요셉과 베냐민이다. 이들이 나중에 이스라엘의 열두 지파의 조상들이 된다.

　세월이 많이 지난 후, 하나님은 야곱에게 고향으로 돌아가라고 지시하신다. 야곱이 고향을 향해 떠나기로 결심했을 때, 라반은 야곱의 식구들이 떠나는 것을 저지하려고 하다가 마음을 바꾸어 길르앗에서 야곱과 만나서 다음과 같이 약속을 한다. 즉 야곱은 아내들을 구박하지 않고, 다른 아내를 얻지 않고, 두 집안이 지경을 침범하지 않을 것을 약속한다. 라반과 야곱은 서로 축복하고 헤어진다.

창세기 32-33장

　라반과 헤어진 야곱은 형 에서를 만날 준비를 한다. 고향으로 가려면 에서가 사는 에돔을 거쳐야 했다. 동생 야곱이 온다는 소식을 듣고 에서는 400명을 데리고 만나러 온다. 형을 속인 이유로 두려움이 생긴 야곱은 에서에게 줄 선물(가축)을 많이 준비하여 앞서 보낸다. 다음엔 가축들과 가족도 모두 보내고 야곱은 얍복 강가에서 혼자 밤을 새워 기도한다. 기도하는 중에 천사를 만난다. 밤새도록 천사와 씨름했다고 한다. 무슨 씨름을 했을까? 자세히는 알 수 없으나 밤새 회개의 기도를 드린 것이 아닐까? 그리고 축복해 달라고 떼를 쓴 것이 아닐까? 천사는 마지막에 야곱의 환도뼈를 친다. 그래도 놓지 않고 매달리자 "네 이름이 무엇이냐"고 묻는다. "야곱"이라고 대답하자 지금부터 "이스라엘"로 바꾸라고 하였다. "이스라엘"이라는 이름은 *하나님과 겨루어 냈고 사람과도 겨루어 이긴 사람*이라는 뜻이다. 그러니 다시는 너를 야곱이라 하지말고 이스라엘이라 하여라 (32:28, 공동번역). 천사와의 씨름으로 인하여 야곱은 비록 절름발이가 되었으나 완전히 변했다. 거듭난 사람이 되었다. 이것은 하나님의 은혜와 인간의 노력이 이루는 기적이었다.

야곱은 두려운 마음으로 에서를 만난다. 에서 역시 미운 마음이 아니라 자비스러운 마음으로 야곱을 맞이한다. 야곱은 에서에게 일곱 번 땅에 엎드려 절한다. 에서는 야곱의 목을 껴안고 운다. 야곱은 "형님이 저를 이렇듯이 사랑으로 맞아 주시니 형님 얼굴을 쳐다보는 것이 마치 하느님을 뵙는 것 같습니다"(33:10, 공동번역)라고 말한다.

창세기 34-36장

야곱은 에서와 헤어진 후, 세겜으로 가서 땅까지 샀다가 포기하고 벧엘로 간다. 내용은 야곱의 딸 디나가 구경을 나갔다가 세겜 성의 추장의 아들에게 겁탈 당하는 사건이 일어났다. 화가 난 야곱의 아들들은 세겜 성 사람들을 죽이고 물건들을 빼앗는다. 결국 야곱은 세겜을 떠나 벧엘로 옮긴다. 하나님께서 약속한 대로 (28장) 야곱은 무사히 고향에 돌아왔다. 그러나 슬픈 일이 반복된다. 라헬이 베냐민을 낳다가 난산이 되어 아이는 살고 어머니는 죽는다. 또한 아버지 이삭이 180세를 살고 세상을 떠나 에서와 야곱이 함께 장례를 치른다.

끝으로 에서의 후손의 역사가 간단히 소개된다. 에서의 후손들은 에돔(지금의 요르단)에 살았다. 하나님께서는 이스라엘 민족만 사랑한 것이 아니라 에돔 민족도 아랍 민족들도 사랑하시고 돌보아주신다.

우리는 왜 하나님께서 아브라함과 이삭에게 약속하셨던 그 언약을 야곱을 통하여 이루려고 하시는지 정확하게 알 수 없다. 그러나 한 가지 분명한 것은 하나님께서는 그의 뜻을 이루기 위하여 사람을 선택할 권한이 있다는 사실이고, 야곱과 같은 사람도 하나님의 사람이 될 자격이 있다는 사실이다. 그러기에 우리에게도 하나님의 사람이 되는 자격이 주어졌는지도 모른다.

2. 생활 속의 이야기

나는 미국에 있는 한인교회에서 어른이 된 형제들이 같은 교회에 출석하는 것을 많이 보지 못했다. 대개는 의견들이 서로 맞지 않기 때문이라고 한다. 그런데 한 곳에서 두 형제가 같은 교회를 열심히 섬기며 지내는 것을 보고 놀랐다. 어떻게 두 가정이 사이좋게 같은 교회에 나가는가를 듣고 보니 그들도 다른 사람들과 별로 다른 것은 없었다. 다른 집안처럼 때로는 두 집안식구들 사이에 다툼도 있고, 의견이 맞지 않아 어려움도 있었다. 그런데 비결은 형님 부부가 항상 너그럽게 참고 화목하게 하려고 노력하기 때문이라고 한다.

좋은 인간관계를 이루며 화목하게 사는 것은 얼마나 중요한지 모른다. 가장 좋은 인간관계를 이루며 사는 비결은 무엇인가? 사도 바울은 "너희 관용을 모든 사람에게 알게 하라"(빌립보서 4:5)고 말했다. 교회는 너그러운 마음으로 서로 용서하며 살아야한다. 그래야 불신자들도 교회에 나오게된다.

3. 묵상을 위한 질문

(1) 야곱이 축복을 받은 이유가 어디에 있다고 보는가? 장자권이나 아버지의 축복 때문이었다고 보는가? 어떻게 해서 야곱이 복을 받았다고 생각하는가?

(2) 참된 화해는 어떻게 이루어지는가?

(3) 나 스스로 참다운 화해를 경험해 본 적이 있는가?

4. 결단에의 초청

실패하도록 태어난 사람이 있을까요? 한 사람도 없을 것입니다. 하나님께서는 한 사람도 실패자로 사는 것을 원하지 않으십니다. 소위 운명이라는 것은 신앙 안에서 얼마든지 바뀔 수 있습니다. 하나님께서는 작은 자를 들어서 크게 쓰십니다. 가진 것은 없더라도 하나님에게 크게 들어 쓰임을 받고 싶지 않으십니까?

제9과
비전의 사람 요셉
창세기 37-50

1. 성경 이해

구약성경에는 많은 사람들이 등장한다. 그 중에 흠이 없는 완전한 사람을 고른다면 누구일까? 요셉을 추천할 수 있다. 요셉은 견디기 어려운 유혹과 고난을 이기고 승리한 사람이다. 또한 큰 재해로부터 나라를 구한 위대한 지도자요 이민자로서 성공한 사람이다.

창세기 37:1-36

요셉은 열두 형제 중에 열한 번째로 부모의 특별한 사랑을 받으며 성장한다. 요셉이 꾼 꿈으로 보아 그는 지도자의 자질을 어려서부터 가졌던 것 같다. 그리고 그는 형제들에게 미움과 질투의 대상이 된다. 마침 멀리서 양치는 형들에게 심부름 간 요셉을 형들은 미디안 장사꾼들에게 판다. 요셉은 애굽으로 끌려가서 애굽 왕의 경호대장인 보디발의 집에 종으로 팔려갔다. 그 때가 요셉이 17세였다. 형들은 아버지 야곱에게 요셉이 들에서 짐승에게 살해되었다고 거짓말을 한다. 그러나 인간의 악까지도 선으로 바꾸시는 하나님의 역사를 살펴보자.

창세기 38:1-30

유다와 다말의 이야기가 왜 여기에 기록되었는지 얼른 이해하기 어렵다. 아마도 유다의 아들 베레스가 후대에 다윗 왕의 선조가 되었기 때문일 것이다 (룻기 4:18-22). 유다와 다말의 사건은 다음과 같이 전개된다.

유다는 세 아들을 두었다. 그리고 다말은 맏며느리였다. 큰아들이 자녀가 없이 죽자, 둘째 아들이 형수와 결혼한다. 이유는 당시 관습에 형이 아들을 두지 못하고 죽게되면 가계를 이어주기 위하여 결혼 안한 동생이 형수와 혼인하는 것이 전통으로 되어 있었다. 이를 형제결혼이라 부르기도 한다. 그런데 둘째 아들이 이를 거부하다가 죽는다. 셋째 아들은 너무 어려서 결혼할 수가 없어서 며느리 다말은 친정에 가서 셋째가 성장하기를 기다리고 있었다. 세월이 지나 셋째 아들이 결혼할 때가 되었는데도 이를 실행하지 않자 다말은 꾀를 써서 시아버지 유다와 성관계를 맺어 아들을 낳는다. 여기서 가정의 대를 이어야한다는 전통을 찾아볼 수 있다. 신기한 것은 다윗을 통한 예수님의 족보에 다말의 이름이 기록되어 있다는 사실이다.

창세기 39-41

보디발의 집에 종으로 팔려온 요셉을 하나님께서 버리지 않으시고 돌보아주신다. 요셉은 정직하게 열심히 일했다. 그래서 주인의 신임을 받아 가정 일을 전담하게 된다. 그런데 보디발의 아내가 요셉을 유혹하게 되자 요셉은 이를 거절한다. 주인은 마음대로 종에게 명령할 수 있다. 그러나 요셉은 이 일이 하나님께 죄가 된다고 생각하여 거절한다. 거절당한 보디발의 아내는 오히려 요셉을 거짓으로 고발하고, 요셉은 감옥에 갇힌다. 그러나 하나님께서는 요셉을 사랑하셔서 감옥에서도 간수의 신임을 받게 한다. 마침 왕의 측근 신하가 감옥에 갇혔을 때 꿈을 해몽해 주어 인정을 받는다. 그뿐 아니라 왕의 꿈을 풀어주어 애굽의 총리대신이 된다. 왕의 꿈(41:1-7)은 앞으로 7년 동안 큰 풍년이 든 후에, 7년간 큰 흉년이 들것이라는 것이다. 아무도 해석하지 못하는 꿈을 요셉은 분명하게 해석할 뿐 아니라 왕에게 앞으로 해야할 일까지도 알려준다. 왕은 즉석에서 요셉에게 전권을 맡긴다. 요셉의 꿈이 이루어졌다. 고난의 길이 끝나고 새 역사가 시작된다.

창세기 42-45

요셉이 형제들을 다시 만나는 이야기가 42장부터 45장까지 기록되어 있다. 가나안 땅에 가뭄이 들어 요셉의 형제들이 양식을 사러 애굽에 내려온다. 요셉은 형들을 쉽게 알아보았으나 형들은 요셉을 알아보지 못한다. 처음엔 요셉이 집안 사정을 알기 위하여 형들을 시험한 후, 베냐민까지 데려오게 한다. 그러는 중에 형들은 요셉에게 잘못한 것을 뉘우치고 어떤 벌도 달게 받을 결심을 하게된다. 놀라는 형들에게 요셉은 "당신들이 나를 이 곳에 팔았다고 해서 근심하지 마소서 한탄하지 마소서 하나님이 생명을 구원하시려고 나를 당신들보다 먼저 보내셨나이다" (45:5)라고 말하며 형들을 위로한다. 그리고 아버지 야곱과 모든 식구를 애굽으로 데려오도록 주선한다.

창세기 46-50

하나님의 백성이라고 하여 하나님의 뜻을 당장에 헤아려 알 수 있는 것은 아니다. 요셉도 하나님께서 베푸시는 구원의 손길을 이해하는 데 여러 해가 걸렸다.

드디어 야곱과 모든 가족이 애굽으로 내려간다. 모두 70명이었다. 이들은 애굽에서 국빈대접을 받게되며, 목축하기 좋은 고센 땅에 정착하여 살게된다.

야곱은 애굽에서 17년간을 더 산다. 죽기 전에 열두 아들에게 축복을 하고, 147세에 죽어 가나안 땅에 있는 가족묘지 막벨라 굴에 매장된다. 야곱의 장례를 마친 뒤 형들은 다시 요셉에게 자기들이 과거에 저지른 잘못에 대해 용서를 빈다. 그러나 요셉은 두려워하는 형들을 위로하며 "두려워하지들 마십시오. 내가 하나님대신 벌이라도 내릴 듯 싶습니까? 나에게 못할 짓을 꾸민 것은 틀림없이 형들이오. 하지만 하나님께서는 도리어 그것을 좋게 꾸미어 오늘날 이렇게 뭇 백성을 살리시지 않았습니까?" 하고 말한다 (50:19-20, 공동번역). 요셉은 믿음의 사람이었다. 모든 것을 하나님의 위대한 뜻에 돌린다. 요셉은 하나님의 약속대로 이스라엘 백성이 다시 가나안 땅으로 돌아갈 것을 예언한다. 그리고 그 때 자기의 뼈를 가나안에 가져다가 묻어줄 것을 부탁하고 110세에 죽는다.

그러면 아브라함부터 시작해서 요셉에 이르는 이야기들은 무엇을 우리에게 전해주려는 것일까? 신앙의 조상들도 우리와 똑같이 인간이 당하는 어려움을 당했고, 그 어려움이 주는 여파도 강했다. 그러나 하나님은 이 어려움을 통해서도 하나님의 뜻과 목적을 펼쳐나가셨다.

2. 생활 속의 이야기

나는 유학생들을 볼 때마다 자랑스럽기도 하고 걱정되기도 한다. 왜냐하면 나도 어렵게 유학을 했기에 공부한다는 것이 얼마나 힘든지 알기 때문이다. 그러나 어떤 학생들은 믿음으로 어려운 공부를 잘 마치고 성공하는 것을 보면 기쁘다. 그 중에 한 분을 소개하겠다.

이 분은 어린 여자의 몸으로 유학을 왔다. 여자의 신분으로 미국생활에 적응하기도 어려웠을 뿐 아니라 경제적으로도 어려웠다. 그보다 더 큰 어려움은 건강문제였다. 심장병으로 대수술을 받아야만 했다. 보통사람 같으면 유학을 포기하고 돌아갔을 것이다. 그러나 이 분은 낙심하지 않고 하나님을 의지하고 이겨냈다. 자연히 공부가 늦어질 수밖에 없었다. 그러니 학교나 교회에서 가장 오래된 유학생 중의 하나가 되었다. 새로 오는 문제학생들을 돌보는 엄마학생이 되었고, 교회에서는 집사가 되어 고물자동차에 학생들을 가득 싣고 예배드리거나 봉사하는 일에 분주했다. 공부를 끝마칠 수 있을까 염려가 되기도 했다.

그러나 정작 본인은 걱정이 없는지 열심히 일만 했다. 하나님께서는 그를 그저 가만히 두지 않으셨다. 약 10여 년 만에 드디어 박사학위를 받고 귀국해서 일류대학에 교수로 채용되었다. 얼마 뒤에는 결혼했다는 놀라운 소식이 왔다. 그리고 1년 뒤에는 예쁜 딸까지 낳아서 사진을 보내왔다. 하나님이 하시는 일을 우리는 잘 알 수 없다. 다만 어떤 어려움을 당하더라도 낙심하지 않고 하나님을 의지하고 살아가는 것이다. "내가 너를 떠나지 아니하며 버리지 아니하리니 강하고 담대하라" (여호수아 1:5-6).

3. 묵상을 위한 질문

(1) 당신의 꿈은 무엇인가?
(2) 하나님께서 당신을 들어 쓰시기를 갈망하는 신앙적인 꿈이 있는가? 어떻게 쓰임 받기를 원하는가?
(2) 믿었던 사람에게 배반당하고 마음이 아팠던 때가 있었는가? 어떻게 그 아픔을 이길 수 있었는가?
(3) 하나님이 인간의 악도 선으로 바꾸신다는 뜻이 무엇인가? 요셉의 이야기를 중심으로 말해 보자.

4. 결단에의 초청

창세기가 우리에게 전해 주는 메시지는 무엇일까요? 하나님은 지금도 우리를 부르고 계시다는 메시지입니다. 연약한 인간을 들어 쓰면서 하나님의 뜻을 이루어나가신다는 메시지가 아닐까요? 그리고 우리가 어떠한 어려움 중에 살고 있더라도 하나님은 우리와 항상 함께 하고 계시다는 메시지가 아닐까요?
하나님은 우리를 결코 버리지 않으시고 구원해 주십니다. 하나님은 우리의 어려움을 들어 쓰시면서 그의 뜻을 이루어 가십니다. 하나님의 선하심과 축복은 하나님의 창조 질서에 속해 있습니다. 그러므로 무기력한 삶을 살지 맙시다. 어려울 때 낙심하지 말고 성령의 도우심을 구합시다. 좀더 많은 사람들을 도우며 삽시다.